Matbuat
yayın grubu

Matbuat Yayın Grubu: 61

The Two Currents
An anthology of the Bosphorus Review of Books

Mart 2019

Sertifika No: 42058

Editörler
Luke Frostick, Erica Eller, Thomas Parker

Redaksiyon
Onur Yılmaz
N. Ender İmamoğlu

Kapak
Harry Frostick

Dizgi
Mehmet Yılmaz

Baskı ve Cilt
Alemdar Ofset ve Matbaacılık 212 544 23 09 Sertifika No: 22953

Kapak Baskısı
Ten Ofset 212 482 65 38

ISBN: 978-605-9749-16-9

Matbuat Yayın Grubu Tic. Ltd. Şti.
Ahmediye Mah. Halk Cad. Güven İş Merkezi No: 41/5 Üsküdar 34672 İSTANBUL
Tel.: 216 201 18 71 Fax: 216 201 18 79

Online satış: www.matbuat.com.tr
info@matbuat.com.tr

The
TWO
CURRENTS
Bir Bosphorus Review of Books Antolojisi
Edited by / Editörler
Luke Frostick
Erica Eller
Thomas Parker
Matbuat
yayın grubu

Dedicated to Raymond Frostick

Luke Frostick

İÇİNDEKİLER

The Two Currents

An anthology of the Bosphorus Review of Books

Yazarlar/Written by

Alaz Ada
Gareth Chantler
Yağmur Coşkun
Batuhan Dede
Erica Eller
Luke Frostick
Paz Griot
Muhammed Taha İnan
Gözde Kurt
Brandon Marlon
Lisa Morrow
Liam Murray
Thomas Parker
Merve Pehlivan
Anna Rogava
Yaqeen Ul Haq Ahmad Sikander
Dora Šustić
James Tressler
Yaprak Ünver
Alptekin Uzel
Rüya Yönak

Çeviriler/Translations by

Alaz Ada
Erica Eller
Elif Koç
Gözde Kurt
Nilay Iğdır
Thomas Parker
Merve Pehlivan
Donny Smith
Yaprak Ünver

Editörler/Edited by

Luke Frostick, Erica Eller & Thomas Parker

FREEDOM FROM LANGUAGE

By Merve Pehlivan

but then I realized that I could

Whenever I finish a letter, I always go back and reread it, see if the ramblings of my mind are too obscure to merit any understanding. I trust the sympathy of intimacy, but not too much. I was midway through a letter I'd written to an old lover when a single word stopped me. I lost track of my reading as if I had seen it for the first time in my life. In a matter of seconds, the strange, unexpected realized is engaged from the rest of the writing, its letters no longer serving as mere signs in a continuous line of thought. My mind was resting on the digitally blunted curves and lines as my inner voice slowly repeated the word *r*, the rolling of the tongue backward like a surfer's wave, *ea* flowing into each other to touch the mushy *l*, is pilling over the jingling *z*. I felt a strange sense of freedom within, as if the mere joy of sound and sight was enough. As if whatever I'd said in the letter wouldn't reach the mind of anyone let alone upset its intended reader, which I wanted.

Was I free really? Could I remain on the surface, savour each word without any concern over meaning? I knew that I was about to send that letter and I knew it would kindle some sort of response. But English is foreign to me - an ocean over which I try to keep afloat like a buoy, constantly in awe at its vast, unending expanse. Unlike those native to its waters, I feel like I am not made to survive underneath, so in a way, I always stay on the surface. Nineteen years after I started learning this language, I am still thrilled by just the feel of it.

I began writing in English at middle school when we were supposed to keep a journal for an entire semester. I had little reason to drop the habit when I hit puberty and suddenly felt like I needed to hide my life from my parents. When I was seventeen,

DİLDEN AZADE

Merve Pehlivan
Çeviri: Merve Pehlivan

sonra farkına vardım ki aslında

Ne zaman bir mektup yazsam, darmadağın düşüncelerim anlaşılmayacak kadar muğlak mı diye mutlaka geri döner, mektubu tekrar okurum. Mahremiyetin şefkatine güvenirim, ama fazla da abartmam. Eski sevgiliye yazdığım bir mektubu okurken tam yarısına gelmiştim ki, sözcüklerin birinde duraksadım, sanki onu hayatımda ilk defa görüyormuşum gibi mektubun neresinde kaldığımı unutuverdim. Birkaç saniye içinde bu tuhaf, beklenmedik *realize* yazının geri kalanından koptu, harfler akıp giden düşünce dizisine ait göstergeler olmaktan çıktı. Zihnim o küt dijital kıvrımlara, çizgilere odaklanırken, iç sesim yavaşça sözcüğü tekrar etmeye başladı. Tıpkı bir sörfçünün köpürttüğü dalga gibi geriye yuvarlanan *r*, birbirinin içine akan *ea*, bu ikisinin değdiği pelte *l*, çıngırdayan *z*'ye doğru taşıp ay diye seslenen *i*. İçimi esrarengiz bir özgürlük hissi kapladı, sanki gördüğüm yalnızca ses ve görüntüden ibaret bir neşeymiş, sanki mektupta söylediklerim bırak alıcının keyfini kaçırmayı, ki istediğim buydu, hiç kimsenin zihnine ulaşmayacakmış gibi.

Sahiden özgür müydüm peki? Yüzeyde kalmaya, hiçbir anlam kaygısı gütmeden her bir sözcüğün lezzetine varmaya devam edebilir miydim? Mektubu yollamak üzere olduğumu, öyle ya da böyle bir cevap uyandıracağımı biliyordum. Ama ben İngilizcenin yabancısıyım, tıpkı bir şamandıra gibi yüzer halde durmaya çalıştığım, bitmek bilmeyen enginliğine daima huşu içinde baktığım bir okyanus o benim için. Sualtında hayatta kalabilecek fıtratta olduğumu hissetmiyorum, zira okyanusun yerlisi değilim ve bu yüzden bir şekilde hep yüzeyde kalmaya devam ediyorum. Bu dili öğrenmeye başladığımdan bu yana on dokuz yıl geçti geçmesine, ama hala sırf dokunuşu bile beni heyecanlandırmaya yetiyor.

İngilizce yazmaya ortaokulda, bir dönem boyunca günlük tutmamız istendiği zaman başlamıştım. Sonra bu alışkanlığı de-

I found that I was too distracted by English to focus on anything else to make a living. I became a translator and interpreter, carrying other people's words from one language to the other. But when it comes to speaking those of my own, I've hardly felt comfortable expressing myself in my mother tongue since I started writing in that pink, scented journal at sixth grade.

Foreign language can indeed be liberating. Without a whole host of personal and cultural connotations that might distract your thought process, you have a greater leeway to express yourself. For native speakers of contemporary Turkish, meanwhile, even a simple "hello" cannot escape a sociopolitical choice: *Merhaba*, although of Arabic origin, is a secular preference over the clearly Islamic *selâmün aleyküm*. To avoid Islamic associations, a lot of people shun the word *nur*, Arabic for "light", to express condolences. Instead of the more commonplace "*Nur içinde yatsın*" (May he/she rest in light), you get a Turkish substitute "*Işıklar içinde yatsın*."

Furthermore, the language Turkish people speak today has been suffering from cultural amnesia since the foundation of the Republic. Atatürk's language reform involved purification, a systematic effort to cleanse Ottoman Turkish of Arabic and Persian words, the richness of which had channeled intellectual and artistic thought for centuries. The reform included resuscitating Turkic words from Central Asia with which Atatürk invented geometric terms very clear and very much in use today. However, the entire effort was too radical and top-down to prove intellectually rewarding in the long-run. Many of the invented words never found their way into public use, while Persian and Arabic ones drifted away from basic understanding. And now, less than a century after the reform, generations of Turkish people are unable to read a novel written at the turn of the twentieth century.

Given these circumstances, I feel too self-conscious in my mother tongue, with my words a clumsy mix of nostalgia – do I sound archaic? Have we lost *muhakkak, mütemadiyen* yet? – and a hopeless effort to sound natural. When years ago I was a religious

vam ettirdim, zira ergenliğe girmiş ve birdenbire hayatımı anne babamdan saklamam gerektiğini hissetmiştim. On yedi yaşıma geldiğimdeyse, başka yoldan para kazanamayacak kadar İngilizceyle kafayı bozmuştum. İnsanların sözlerini bir dilden diğerine aktarmak üzere tercüman oldum. Kendi sözlerime gelince, altıncı sınıfta o kokulu pembe deftere yazmaya başladığımdan beri ana dilimde derdimi anlatırken genellikle rahatsızlık duyarım.

Yabancı dil pekala özgürleştirici olabilir. Düşünce akışınızı aksatacak sayısız kişisel ve kültürel çağrışımın yokluğunda kendinizi ifade etme alanınız genişler. Ana dili günümüz Türkçesi olanlar için ise basit bir selamlaşma bile sosyo-politik bir tercihe dönüşebilir. Örneğin, İslami bir temele dayanan Arapça *selâmün aleyküm* ifadesinin yerine *Merhaba* kelimesi, kökeni yine Arapça olmasına rağmen laik bir tercihe işaret eder. İslami çağrışımlardan kaçınmak isteyen pek çok kişi taziye dileğinde bulunurken Arapça *nur* sözcüğünden uzak durur, daha yaygın kullanılan *nur içinde yatsın* ifadesi yerine salt Türkçe sözcüklerden oluşan *ışıklar içinde yatsın* demeyi yeğler.

Bunun da ötesinde, günümüz Türkçesi Cumhuriyetin kuruluşundan bu yana kültürel hafıza kaybı yaşamaktadır. Atatürk öncülüğünde gerçekleşen dil devrimi, yüzyıllar boyunca entelektüel ve sanatsal düşünceye zengin bir mecra sunan Arapça ve Farsça sözcükleri Osmanlı Türkçesinden ayıklamaya yönelik sistematik bir girişimdi. Atatürk, dil devrimi kapsamında Orta Asya menşeili kimi Türkçe sözcüklerin yeniden canlandırılmasıyla halen kullanılan, son derece anlaşılır geometrik terimler üretti. Ancak genel itibarıyla bu çalışmalar, uzun vadede entelektüel fayda sağlayamayacak kadar radikal, tepeden inme nitelikteydi. İcat edilen pek çok sözcük halk tarafından benimsenmezken, Farsça ve Arapça sözcükler anlaşılmaz hale geldi. Bugün, devrimin üzerinden henüz yüzyıl dahi geçmemişken, ana dili Türkçe olan, farklı kuşaklara mensup pek çok kişi yirminci yüzyıl başında yazılan bir romanı okuyamaz durumda.

Tüm bu şartların da etkisiyle, ana dilimde konuşurken kendimi son derece sıkılgan hissediyorum. İfadelerim nafile bir doğallık gayretiyle nostalji arasında gidip gelen acemi bir harmana dönüyor. Çok mu antika şeyler söylüyorum acaba? *Muhakkak, mütemadiyen* filan demeyi bıraktık mı? Yıllar evvel dindar olduğum dönemde, minnet kavramını iki farklı şekilde ifade ediyordum.

person, I had two distinct choices to express gratitude: "*Çok şükür*" when I was happy about something, "*Hamd olsun*" when the situation was bad, but I was not complaining nonetheless. Along with my religious sensibilities, I lost the second expression and my faith in its circulation among the larger society. And plus, what if I say the likes of *inşallah*, *hayırlısıyla*, *hamd olsun* in a two-minute telephone conversation and give the impression that I'm still a Muslim? I cannot express myself in Turkish without feeling my word choices contrived and overburdened with assumptions. I seek refuge in a language that I am a stranger to.

Freedom from cultural baggage aside, foreign language can cure self-censorship. Language then becomes a film that blocks the immediacy of comprehension through which you can convey your thoughts without inhibition. You can be bolder, more honest and even obscene while distancing yourself from the full impact of your words. Imagine yourself in a fight where English is the only language you share with your adversary. If you say *cunt*, how can you fully assess its effect if you've heard it only in Scorsese's films? Many non-native speakers improve their grasp of English by collecting phrases from books, pop culture or the internet. Unless you regularly communicate in English, you can be verbose or lack words, change register mid-speech. When you find yourself in a rare and delicate conversation, your impersonal knowledge of vocabulary can gather into flesh too suddenly. You can be cruel unawares.

Choosing another language is also escapism. It feels safe. Following years of experience with carefully selected English-speaking therapists, I'd found myself choking on my words when my analyst insisted that I switch to Turkish. English had become a blanket I was hiding underneath, allowing me to communicate myself just enough to bear the truth. When it was pulled away, I faltered and fumbled for words, unable to confront what was taking shape as I spoke. I had thought that by simply being in that room I was manifesting courage. But the real test was with my mother tongue, the only shortcut to my fears and denials.

but then I realized that I could find a way out

Herhangi bir şey beni mutlu etmişse *çok şükür*, mutsuz olmuşsam ama şikayet de etmiyorsam *hamd olsun* diyordum. Dini hassasiyetlerimle birlikte hem *hamd olsun* demeyi bıraktım, hem de herkesin bu ifadeyi kullandığına dair inancımı yitirdim. Hem, ya iki dakika süren bir telefon görüşmesinde *inşallah, hayırlısıyla, hamd olsun* gibi şeyler söyleyip hala dindar biriymişim izlenimi verirsem? Türkçe konuşurken sözcük seçimlerim hep zoraki, hep fazla anlam yüklü olacakmış gibi hissediyor, çareyi yabancı bir dile sığınmakta buluyorum.

Kültürel yükten kurtarması bir yana, yabancı dil otosansürün de önüne geçebilir. Böylelikle dil kavrayışınızı perdeler, düşüncelerinize mani olmadan konuşabileceğiniz bir zara dönüşür. Daha cesur, daha dürüst, hatta daha müstehcen konuşabilir, ifadelerinizin yarattığı etkiden de uzaklaşırsınız. Rakibinizle anlaştığınız tek dilin İngilizce olduğu bir kavgaya tutuştuğunuzu düşünün. *Cunt* (a..ık) sözcüğünü daha evvel yalnızca Scorsese filmlerinde duyduysanız, bu sözcüğün tesirini tam manasıyla kavramanız mümkün mü? Ana dili farklı olan pek çok kişi, İngilizcesini okuduğu kitaplardan, pop kültüründen ya da internetten devşirdiği ifadelerle ilerletiyor. Eğer İngilizce sürekli iletişim diliniz değilse, konuşurken laf kalabalığı edebilirsiniz, sözcükler aklınıza gelmeyebilir ya da cümlenizin yarısında üslubunuz değişiverir. Pek sık yapmadığınız, hassas bir konuşma esnasında söz dağarcığınız birdenbire ete kemiğe bürünür, farkında olmadan gaddarlaşabilirsiniz.

Başka bir dili tercih etmek aynı zamanda kaçmak demek. Kendini güvende hissetmek. Yıllar boyunca özenle seçtiğim İngilizce bilen terapistlerle geçirdiğim seansların ardından bir gün analistim Türkçeye dönmem konusunda ısrar edince boğazım düğümlendi. İngilizce o ana dek kendimi yalnızca gerçeklere tahammül edecek kadar anlatmamı sağlayan, altına girip saklandığım bir örtüye dönüşmüştü. Örtü üzerimden çekiliverince bocaladım, ne diyeceğimi bilemedim, ağzımdan çıkan sözlerle şekillenen her ne varsa hiçbiriyle yüzleşemedim. Orada, seansın yapıldığı odada bulunmak beni başlı başına cesur kılıyor zannediyordum. Ama asıl imtihan ana dilimle; korkularıma, inkarlarıma uzanan o biricik kısa yolla olan imtihanmış meğer.

sonra farkına vardım ki aslında bir çıkış yolu bulabilirim

Foreign language, ultimately, always remains foreign. And that's where its appeal lies, whetting your appetite for what you can never conquer. Just like falling in love when you are fixated on sensation– the lips, the voice, the wisp of hair that falls right above the eyebrow, the winter breath. Our object of desire is external to us; the foreign is threatening and seductive for that very reason. We like to fill the rest with imagination, both to enhance our pleasure and to feel safer.

From a semiotic perspective, our object of desire is nothing but a sign we try to decipher. Semiotics is the overarching discipline that studies signs which communicate meaning in context. In an overwhelming number of cities across the world, a red traffic light is a sign that urges the driver to stop. A wink may be but a wink, or a sign of sexual attention. In semiotics, a sign is made up of two elements that are like two sides of a coin, the signifier and the signified. It can be applied to language: r e a l i z e, shapes on paper or the sounds they produce are the "signifier", while "to understand clearly", the conceptual meaning the signifier conveys is the "signified." In between, there is a gap that never quite fills for the speaker of a foreign language. That was what stopped me when I read my own word in my letter, an alienation from meaning that took me back on the surface, as if it were my first encounter with the word. And it's that gap some interpreters find difficult to tackle especially when they are beginners to the profession. They have easier time translating from their A (first) language to B (second) because they immediately grasp the flow of speech and tap into it, after which production in the target language is not a big challenge. Meanwhile, they need more time to process a chunk of foreign language. A heavy accent, the speaker moving away from the microphone, little-known idioms can be trouble. If they fail to understand a unit of language fast enough, they cannot render a meaningful equivalent in their mother tongue, which in simultaneous interpreting is a glitch nobody wants.

The gap between the signifier and signified does not allow you to roam freely though. It's an illusion. In his famous poem "Vowels," Arthur Rimbaud gives colours to them: "Black A, white E, red

Yabancı dil eninde sonunda her daim yabancı kalır. Cazibesi de tam da burada yatar zaten, asla fethedemeyeceğiniz bir şeye karşı iştahınızın kabarması gibi. Aşık olduğunuz zaman duyularınıza; dudaklara, sese, tam kaşın üzerine düşen bir tutam saça, soğukta cisimleşen nefese takılıp kalmanız gibi. Arzu nesnemiz dışımızdadır, yabancı olan tam da bu yüzden bizi tehdit eder ve baştan çıkarır. Duyumlarımızdan geriye kalan ne varsa hayal gücümüzle donatmaya bayılırız, hem daha fazla zevk almak, hem de kendimizi korumak için.

Göstergebilimsel açıdan bakacak olursak, arzu nesnesi dediğimiz şey çözümlemeye çalıştığımız bir göstergeden başka bir şey değildir. Bağlam içerisinde anlam taşıyan göstergeleri inceleyen göstergebilim disiplini, pek çok farklı alanı kuşatır. Örneğin, dünyanın çoğu şehrinde kırmızı trafik ışığı sürücülerin durmasını sağlayan bir göstergedir. Bir göz kırpma hareketi yalnızca bir kımıldayıştan ibaret olabilir ya da cinsel ilgi ifade eder. Gösterge, bir madeni paranın iki yüzüne benzer iki öğeden, gösterilen ve gösterenden oluşur. Bu ilişki, dile de uygulanabilir: r e a l i z e, yani kağıt üzerinde çizili şekiller veya okunurken çıkan sesler "gösteren"; gösterenin ifade ettiği kavramsal anlam yani "farkına varmak" ise gösterilendir. Bu ikisi arasında ise yabancı dil bilenlerin tam olarak hiç dolduramayacağı bir boşluk yatar. Mektubumda kendi yazdığım sözcüğü okurken beni duraksatan buydu, sanki onu hayatımda ilk defa görüyormuşum gibi, anlama yabancılaşarak yüzeye çıkıvermiştim. Özellikle mesleğe yeni başlayan kimi konferans çevirmenlerinin baş etmekte zorlandığı alan da yine dolmayan bu boşluktur. A (ana dil) dilinden B (birinci yabancı dil) diline çeviri yapmak daha kolay olabilir, zira çevirmen akıp giden konuşmayı hızla kavrayıp içine girer, hemen ardından hedef dile çevirmekte zorlanmaz. Ancak bir yabancı dil kesitini idrak edip işlemek için daha çok vakte ihtiyaç duyacaktır. Ağır bir aksan, konuşmacının mikrofondan uzaklaşması ya da az bilinen deyimler başa bela olabilir. Eğer çevirmen bir dil birimini yeterince hızlı kavrayamazsa, ana dilinde anlamlı bir karşılık üretemez, bu da eşzamanlı çeviride hiç kimsenin hoşuna gitmeyecek bir hataya yol açar.

Gösteren ile gösterilen arasındaki boşluk sizin serbestçe dolaşabileceğiniz bir alan değildir. Bu olsa olsa bir kuruntudur. Arthur Rimbaud, ünlü şiiri "Sesliler" de sesli harflere renk verir: "Siyah

I, green U, blue O – vowels/ Some day I will open your silent pregnancies." To him, "I" is a "bloody spittle, laughter dribbling from a face" and "A" is "hairy with burst flies." Much ink has been spilled on metaphorical and symbolic readings of the poem but ultimately, the associations tell us nothing about communication – the reason why language exists. In Rimbaud's poetic vision, "A" is moved out of its strictly functional zone, the role it shares with other letters in a given word which together create sense. Vowels in the poem earn a life in their own right at the expense of signification.

To Roland Barthes, language is a system of random signs resisting the whims of individual users.* To quote from him verbatim, language is quite simply fascist, for fascism does not prevent speech, it compels speech.** It forces you to say "an" apple. If you want to hide the name of someone, you can use the third person singular in English, but then you have to give away the gender. These rules can be even more restricting for the foreign speaker, especially if similar structures are absent in the mother language. You need time to master a new grammatical framework and a vocabulary to mould inside that frame. A lot of work goes into developing the agility to use a new language, to express a wide spectrum of ideas and emotions. Meanwhile though, signifiers can be solace as you accept that you will never penetrate into the depths of a language. You can stay there as long as you want and compromise communication.

The moment I take a synthetic pleasure in *realize*, I move away from context, hence meaning. All along, I am aware that the signified in English, those seamless layers of understanding, will remain out of my reach like the fruit tree forever eluding Tantalus' hands. This may not be the freedom I thought I had. Love of language, the very look and sound of it, is as liberating as any love is. You cannot escape its consequences.

but then I realized that I could find a way out without you.

Merve is a writer, translator and interpreter based in Istanbul. She is also the founder of Spoken Word Istanbul.

* Roland Barthes, *L'aventure sémiologique*, Paris, Seuil, 1991.

** Roland Barthes, *Leçon*, Paris, Seuil, 1978.

A, beyaz E, kırmızı I, yeşil U, mavi O – sesliler/ Diyeceğim bir gün gizli doğumlarınızı da." Rimbaud'ya göre "I" sesi "tükürülen kana, güzel dudakların gülüşüne" benzerken, "A" sesi "kıllı, parıldayan sineklerle kaplı bir kemer" gibidir. Şiirin mecazi ve sembolik yorumları üzerine çok şey yazılıp çizilmiştir ancak bu çağrışımların hiçbiri bize iletişime, yani dilin varlık nedenine dair bir şey söylemez. Rimbaud'nun şiirsel imgeleminde "A" salt işlevsel alanından çıkar. Bu alan normalde, A harfinin sözcük içerisinde yan yana dizildiği diğer harflerle birlikte anlam yaratır. "Sesliler" şiirindeki harfler ise, anlamdan yoksun olma pahasına kendi başlarına hayat bulurlar.

Roland Barthes'a göre dil, kullanıcıların kaprislerine direnen, rasgele göstergelerden oluşan bir sistemdir.* Onun deyişiyle dil faşisttir, çünkü faşizm söylemeyi engellemek değil, söylemeye zorlamaktır.** Sizi "an apple" demeye zorlar. İngilizce konuşurken eğer birinin ismini saklı tutmak istiyorsanız, üçüncü tekil şahıs zamirini kullanabilirsiniz, ancak bu sefer cinsiyeti ele vermeniz gerekir. Bu tip kurallar yabancılar için, özellikle ana dillerinde benzer yapılar yoksa, daha da kısıtlayıcı olabilir. Yeni bir dilbilgisi yapısına hakim olmak için zamana ve o yapıyı şekle sokacak söz dağarcığına ihtiyaç duyarsınız. Ancak bu yeni dilin derinliklerine hiçbir zaman inemeyeceğinizi kabullendiğiniz andan itibaren, gösterenlerle avunabilirsiniz. Orada istediğiniz kadar vakit geçirmek, iletişimden ödün vermek size kalmış.

Realize sözcüğüne bakıp seslerle görüntüleri harmanlayan bir haz duyduğumda bağlamdan, yani anlamdan uzaklaşıyorum. Biliyorum ki, İngilizcedeki gösterilenlere, nerede başlayıp nerede bittiğini göremediğim o kavrayış katmanlarına uzanamayacağım, tıpkı Tantalos'un ellerinden sonsuza dek kaçacak meyve ağacı gibi. Belki de zannettiğim kadar özgür değilimdir. Dile, dilin görünüşüne, sesine sevdalanan insan, aşık olduğunda ne kadar özgürleşiyorsa, o kadar özgürdür. Sevdasının akıbetlerinden kaçamaz.

sonra farkına vardım ki aslında bir çıkış yolu bulabilirim sen olmadan

Merve Pehlivan Spoken Word Istanbul'un kurucusu yazar ve çevirmen. İstanbul'da yaşıyor.

* Roland Barthes, *L'aventure sémiologique*, Paris, Seuil, 1991.

** Roland Barthes, *Leçon*, Paris, Seuil, 1978.

Recluse

By Batuhan Dede
Translated by Donny Smith

I come from a patriarchal solitude
I am the last hero remaining from a tribe whose reclusiveness extinguished it.
I run like a street dog after a dream that went too far
While all the conjurers are jumping off the tightrope I stretched across my heart.
God's suffering drips on my face from the grayest of heavens
While a high-decibel symphony of separation claws at my ears:
The idiots call it rain.
I loved you in a way no human being should
I loved you with inhuman clarity and purity
I was so unrealistic I could have painted all the bloody tanks left over from the cold face of war with pink dreams
Leaving all this step-eroticism at the door of an orphanage;
Looking right into the eyes of the greatest sufferings, and those sufferings' good credit;
With the apprehension of an excommunicated Catholic;
Against all religious duties and the Prophet's teachings, I loved you.

Batuhan Dede was born in Istanbul in 1987. He has published several books, including the poetry collection Morfinsiz Çekilen Düş Sancıları, in 2013. His work brings together the sensibilities of the American Beats and the Turkish Second New.

Donny Smith's book translations include Pigeonwoman / Üvercinka by Cemal Süreya (with A. Karakaya), I Too Went to the Hunt of a Deer by Lâle Müldür, and If Cutting Off the Head of the Gorgon by Wenceslao Maldonado. He teaches at a high school in Istanbul.

MÜNZEVİ

Batuhan Dede

Ataerkil bir yalnızlıktan geliyorum
Münzevilikten helak olmuş bir kavmin
Kalan son kahramanıyım.
Çığırından çıkmış bir hayalin arkasında koşarken sokak köpekleri gibi
Kalbimde gerdiğim telden aşağı atlıyor bütün hokkabazlar
Tanrının acısı damlarken yüzüme göğün en grisinden
Yüksek desibelli bir ayrılık senfonisi kulaklarımı tırmalıyor;
Aptallar yağmur diyorlar.
Bir insana yakışmayacak şekilde sevdim ben seni
Bir insana yakışmayacak kadar duru ve net
Savaşın soğuk yüzünden kalan kanlı tankları
Pembe düşlere boyayabilecek kadar idealisttim
Bütün üvey erotizmleri bir yetimhanenin kapısına bırakarak
Tahsili yüksek acıların gözünün içine baka baka
Aforoz edilmiş bir Katolik kaygısıyla
Farzlara, sünnetlere aykırı sevdim ben seni.

Batuhan Dede 1987 yılında İstanbul'da doğdu. 2013 yılında Morfinsiz Çekilen Düş Sancıları adlı şiir seçkisi dahil çeşitli kitapları yayınlandı. Eserleri Amerikan Beat şairleriyle Türkiye'de İkinci Yeni akımına mensup şairlerin hassasiyetlerini bir araya getiriyor.

Donny Smith'in kitap çevirileri arasında A. Karakaya'yla birlikte çevirdiği Cemal Süreya'nın Üvercinka (Pigeonwoman), Lâle Müldür'ün I Too Went to the Hunt of a Deer ve Wenceslao Maldonado'nun If Cutting Off the Head adlı eserleri yer alıyor. Smith İstanbul'da lise öğretmeni.

Black
By Gareth Chantler

In the bright sun of Gaziantep, on the way to the barbershop, Adnan asks how many wives a man is allowed in Canada.

"Just one."

"Ah. So like Turkey."

A begging pause.

"And how many in Syria?"

"Four."

The barber is used to communicating through body language with his Turkish customers.

The young men sitting queued smile through the mirrors, their hair over-gelled, their first moustaches lined up precisely. One waits in a mud mask.

"Is he from Germany?" the barber asks. "How does he want his hair cut?"

"Tell him I trust him."

After clipping, cutting, shaving, shampooing, blow-drying, after-shaving, powdering, and gelling, the man refuses twenty lira.

He had taken his time with the straight blade, massaging in the cream twice at first and reapplying liberally. No stubble. No cuts.

"He will always refuse the first time. You must insist."

He accepts fifteen.

"Lots of Syrians in this neighbourhood."

Evening

The ignition on, the car in park, Adnan makes a few more calls. It's half past eight.

KARA

Gareth Chantler
Çeviri: Merve Pehlivan

Gaziantep'in parıldayan güneşi altında berbere doğru giden Adnan, Kanada'da erkeklerin kaç kadınla evlenmesine izin veriliyor diye sorar.

"Sadece bir."

"Ah. Türkiye'deki gibi yani."

Bozulmayı bekleyen bir sessizlik.

"Peki Suriye'de kaç kadına izin var?"

"Dört."

Berber Türk müşterileriyle vücut dili vasıtasıyla anlaşmaya alışıktır.

Oturmuş sıra bekleyen genç adamların tebessümleri aynalara yansır, saçları aşırı jöleli, yeni bitmiş bıyıkları muntazam. İçlerinden biri yüzünde çamur maskesiyle bekler.

"Almanya'dan mı?" diye sorar berber. "Nasıl bir saç kesimi istiyor?"

"Ona güvendiğimi söyle."

Kısaltma, kesim, tıraş, şampuan, fön, tıraş losyonu, pudra ve jöle işlemlerinden sonra adam yirmi liraya itiraz eder.

Usturasını ağırdan almış, köpükle iki kez masaj yapmış, sonra tekrar bolca köpük kullanmıştır. Kirli sakal yok. Kesik yok.

"İlk seferde hep reddeder. Israr etmen lazım."

On beş lirayı kabul eder berber.

"Bir sürü Suriyeli var bu mahallede."

Akşam

Adnan arabayı parka çekmiş, kontağı çevirmiş halde birkaç yere daha telefon açar. Saat sekiz buçuk.

"So many calls," he sighs, "for just one story."

Tonight is five months work in the making for him.

Climbing into the city's densest neighbourhood, a large, pristine mosque, flood-lit, is surrounded by apartments six to sixteen stories high, as dictated by the gradient.

Wading through traffic, the tailor pulls up at a lightless, sign-less intersection to shake hands through the driver-side window.

Assalamu alaikum

The usual after dark sense data.

A 'park' with a triangle of grass and seven ATM pods. A disarranged taxi stand. Watermelons for sale. The street lit without streetlights. Everything perfumed by köfte.

Led into a dusty alleyway, Adnan hesitates parking.

"I don't like this neighbourhood."

Mahmoud, tonight's host, emerges.

The tailor's hand scribbles through the air.

"He says you will need to write very fast tonight."

Mahmoud nods, pushing a heavy bolt up into the brick doorframe.

"She has a lot to say."

Up four flights, attention attracted. Going up looking down through indoor windows half-draped with fabric, mattresses and blankets on concrete, side by side by side by side.

Shoes off; Mahmoud invites his guests to a blue pallor couch. Opposite, between an Arabic calendar and a tiny framed print of flowers, black hands are pinned on a white face. Quarter to nine.

Ponytailed Layla comes close, in a hot pink jacket and a white dress splashed with green, blue, and orange flowers. She is seven.

She kisses the back of Adnan's hand, wraps his wrist in her fingers.

"Bu kadar telefon tek bir makale için çok fazla." diye iç geçirir.

Bu gece, bes aylık emeginin karşılığını alacaktır.

Mahallenin en kalabalık yerinde büyük, el değmemiş, projektörle aydınlanan, eğime göre altı ila on altı katlı apartmanlarla çevrili bir cami yükselir.

Trafikte yol almaya çalışan terzi ışıksız, tabelasız bir kavşağa geldiğinde şoför penceresinden uzanarak birinin elini sıkmak için arabayı kenara çeker.

Esselamu aleyküm.

Ne zaman karanlık çökse dikkatimi çeken seyler.

Üçgen kesitli bir çimenlik ve yedi ATM makinesinden oluşan bir 'park.' Tertipsiz bir taksi durağı. Karpuz satılıyor. Sokak lambasız ama aydınlık. Her şeye bir köfte kokusu sinmiş.

Tozlu bir yola giren Adnan, arabayı park ederken tereddüte kapılır.

"Bu mahalleyi sevmiyorum."

O geceki ev sahibi Mahmud belirir.

Terzi elini havaya kaldırır, bir şeyler yazar gibi yapar.

"Bu gece çok hızlı yazman gerekecek diyor."

Mahmud başını sallar ve ağır sürgüyü kiremit kapı çerçevesine iter.

"Söyleyecek çok şeyi var."

Dört kat tırmanırken dikkat çekeriz. Yukarı çıkarken; beton üzerine yan yana yatakların, battaniyelerin dizildiği odaların yarısı kumaşla kaplı pencerelerinden izleniriz.

Ayakkabılarını çıkaran Mahmud misafirlerini soluk mavi bir koltuğa yönlendirir. Karşısındaki Arapça takvim ve ufak, çerçeveli çiçek resminin arasında siyah eller beyaz bir yüze tutturulmuş. Saat dokuza çeyrek var.

At kuyruklu Leyla yaklaşır. Şeker pembe bir ceket, yeşil, mavi ve turuncu çiçekli beyaz bir elbise vardır üzerinde. Yedi yaşındadır Leyla.

Adnan'ın elini öper, parmaklarıyla bileğini kavrar. Göz teması kurarlar. Adnan'ın elini alır alnına götürür Leyla, öpücüğünü alnına taşır böylece.

Eye contact. She pulls his hand to meet her forehead, transferring her kiss.

Two more: cheek-to-cheek and cheek-to-cheek.

But absent momentum in the subsequent lull her boldness shies and her eyes avert.

"Baba!"

Giggling, she runs to take her father's phone.

A hefty baby appears, thrust into the stranger's arms.

She bounces happily – for a spell – but prefers her father.

"This is Aisha," Mahmoud says proudly.

The Arabic fog thickens – one of Adnan's mobile phones is on speaker, passed amongst the three men.

"We have a friend who is trying to get from Syria to Turkey," Adnan explains. "But legally."

"It is a bit complicated. He didn't get the exit stamp when he left."

Eight-year old Alia hauls a four-litre jug of water into the corner with her father's help. She tips it steadily, Layla holding a glass.

The water is presented. After a few sips, Layla revokes the glass assertively, returns to the jug for a refill, and presents the same glass to the next guest.

"We are just talking about how corrupt it is," Adnan explains parenthetically, "inside Syria."

"Some Syrians, they bring their corruption here with them."

Tongues wetted, cigarettes lit, ashtrays are balanced on thin upholstery. The man on the phone called from Istanbul – having waited three months for the Turkish-Syrian border to reopen, gave up and paid a smuggler.

Mahmoud's wife Fatima enters the room to place a small table with glasses of Pepsi before the guests. Layla is charged with the two-litre bottle and refills. Quarter to nine.

İki kez daha yanak yanağa öpüşürler.

Bunun ardından hareketsiz bir sessizlik hasıl olur. Cesareti azalan Leyla gözlerini kaçırır.

"Baba!"

Kıkırdayarak babasının telefonunu kapmak için koşar.

Tombul bir bebek beliriverir, yabancının kollarına atılır.

Bir anlığına sevinçle zıplar bebek, ama kendi babasını ister.

"Bu Ayşe," der Mahmud gururla.

Arapçanın yarattığı sis bulutu ağırlaşır - Adnan'ın cep telefonlarından birinin hoparlörü açıktır, üç adam elden ele telefonu gezdirir.

"Suriye'den Türkiye'ye geçmeye çalışan bir arkadaşımız var," diye izah eder Adnan. "Ama yasal yollarla."

"Durum biraz karışık. Ülkeden ayrılırken çıkış pulu almamış."

Sekiz yaşındaki Alia, babasının yardımıyla dört litrelik damacanayı köşeye taşır. Leyla elinde bardakla beklerken Alia damacanayı sarsmadan öne yatırır.

Su ikram edilir. İçilen birkaç yudumdan sonra Leyla iddialı bir jestle bardağı geri alır, tekrar doldurmak için damacanaya yönelir, aynı bardağı bir sonraki misafire uzatır.

"Biz de Suriye'de yolsuzluk aldı başını gitti diyorduk," der Adnan, parantez açarcasına.

"Bazı Suriyeliler yolsuzluklarını da beraberinde getiriyor buraya."

Ağızlar ıslanır, sigaralar yakılır, küllükler döşemelerin üzerine sabitlenir. Telefondaki adam İstanbul'dan aramıştır. Türkiye-Suriye sınırının yeniden açılması için üç ay beklemiş, sonra pes etmiş ve bir kaçakçıya para vermiş.

Mahmud'un eşi Fatima odaya girer, misafirlere ikram etmek üzere içi Pepsi dolu bardaklar taşıyan küçük bir masayı yere koyar. Leyla'ya iki litrelik Pepsi şişesi verilmiş, biten bardakları doldurmakla görevlidir. Saat dokuza çeyrek var.

Night

The mother of Shahid enters.

She does not meet anyone's eyes. She wears black.

Hobbled she shows herself to the floor, grasping the long pillow under the window, her back to the wall.

She weeps.

"There is a comedy movie," Mahmoud looks at Adnan.

"A Canadian man, he comes to Damascus and tells the Syrians that he will take them to Canada. So. then they all come and pay him a lot of money.

He has this big school bus that the Syrians get on. And he drives them east and let's them off in the Syrian Desert.

And the Syrians get off the bus and say 'Yes! We are in Canada.'

And then Assad's army comes by and says 'You stupid motherfuckers are still here.'"

She looks to the ceiling, she looks to her feet.

There is silence. She sobs, mutters, prays.

"I am the mother of eight girls and one son. I am from a village between Aleppo and A'zaz – Tell Rifaat تلرفعت.

I am living here with a son, thirteen, of the other wife of my husband. I have lost one of every person you can have – sister, brother, aunt, uncle, mother, niece, nephew, cousin –

The story of my son, it was 2013.

There was a place for scientific research, doing tests for different things, on the road to Aleppo 's international airport. Where my daughter used to live, it was near this research centre. And they attacked it. My daughter's building was hit. Under the building, she took refuge with the other neighbours and called me.

My son must go to check on my daughter, to find her. My daughter called to say she was trapped and cannot go out, the plane is in the sky, 'Please open a way to take me out of this place.'

Gece

Şahid'in annesi odaya girer.

Kimseyle göz teması kurmaz. Siyahlar içindedir.

Ağır aksak yere doğru uzanır, pencere altındaki uzun minderi alır, sırtını duvara yaslar.

Ağlar.

"Bir komedi filmi var," der Mahmud, Adnan'a bakarak.

"Kanadalı bir adam Şam'a gelir ve Suriyelilere der ki, sizi Kanada'ya götüreceğim. Sonra, Suriyelilerin hepsi gelir adama bir sürü para öder.

Büyük bir okul servisi vardır adamın, Suriyeliler biner bu otobüse. Adam doğuya götürür insanları, Suriye Çölü'ne geldiğinde de aşağı indirir."

Otobüsten inen Suriyeliler 'İşte! Kanada'ya geldik." der

Esad'ın ordusu gelir ve der ki 'Aptal orospu çocukları, hala burada mısınız?"

Kadın tavana bakar, ayaklarına bakar.

Sessizlik çöker. Hıçkırarak ağlar, bir şeyler mırıldanır, dua eder.

"Sekiz kız, bir oğlan evladım var." Memleketim Halep ve Azez arasında bir köy, Tel Rıfat تل رفعت köyü. Kocamın öteki karısından olma on üç yaşında bir oğlanla yaşıyorum. Yakınlarımın hepsinden en az birini kaybettim – kız kardeş, erkek kardeş, teyze, amca, anne, yeğen, kuzen –

Oğlumun hikayesine gelince, sene 2013'tü.

Birtakım şeyler için test yapan bir bilimsel araştırma merkezi vardı, Halep'teki uluslararası havalimanına giden yolun üzerinde. Kızım bu araştırma merkezinin yakınında çalışıyordu. Oraya saldırdılar. Kızımın apartmanına ateş açtılar. Diğer komşularla binanın bodrum katına sığındı, sonra beni aradı.

Oğlumun gidip kızımı dolaşması, bulması gerekti. Kızım aradı, bulunduğu yere hapsolduğunu, dışarı çıkamadığını, uçağın havada olduğunu söyledi, 'Lütfen bir yol açın ve beni buradan çıkarın.'

The husband of my daughter, he was imprisoned by the regime at the time. So my son was the only one to rescue her. And he went to this place and brought her out, even though it was difficult.

He saw all of these people killed on the way. He saw pieces of people everywhere along the road. After he saw all of these people dying and in pieces on the ground, he decided to go to the Free Syrian Army.

I told him 'Please, don't go.'

And he said 'After all these horrible things I saw, I will go and I will fight.'

He went to jihad and was hurt three times.

In the village we are from, we always have a gun. But he had not been in the army before, so he didn't have a lot of experience with this. But he improved himself. He had some fighting experience and became a soldier.

At that time, there was fighting between the Free Syrian Army and Daesh. Behind the Dushka, on the first line vehicle, they put him. They should be the first ones attacking.

And I insisted until the last second, 'don't go to fight, you are fourteen years old and I have your sisters here. Who will take care for them if something happens to you?'

And he said 'No, I have to fight. I have to bring back the rights to the Syrian people.'

I would go to the front lines a lot to see my son. I would go to a lot of the places where he was fighting. He always refused to return.

They even attacked me once, to get rid of me."

"Can we record audio?" Adnan asks, prompted.

"No – it is forbidden."

She points with her thumbs.

"… is he a Muslim?"

"It is not my business," Adnan says, his line well practiced.

"She has lost a lot of people," he explains. "She doesn't want to sit with foreigners or someone she doesn't know."

O vakit kızımın kocası rejimin elinde, hapisteydi. O yüzden onu kurtaracak tek kişi oğlumdu. Zor olduysa da gitti ve çıkardı kızımı oradan.

Yol üzerinde katledilmiş bir sürü insan gördü. Yolun kenarında, her tarafta insan eti parçaları gördü. Ölümle pençeleşen, paramparça olmuş insanları gördükten sonra Özgür Suriye Ordusu'na katılmaya karar verdi.

'Lütfen gitme' dedim.

O da, 'Gördüğüm bunca korkunç şeyden sonra, gidip savaşacağım.'

Cihada gitti, üç kez yaralandı.

Bizim köyde herkesin silahı vardır. Ama oğlum daha evvel askere gitmemişti, o yüzden çok tecrübesi yoktu. Ama kendini geliştirdi. Çatışmalara girip tecrübe kazandı ve asker oldu.

O dönemde Özgür Suriye Ordusu ve DAEŞ arasında çatışma yaşanıyordu. Doçka silahı önünde, ön cephe aracına koydular onu. İlk onlar taarruza geçecekti.

Son saniyeye kadar ısrar ettim, 'gitme savaşa, daha on dört yaşındasın, kız kardeşlerin burada. Sana bir şey olursa onlara kim bakacak?"

'Hayır, savaşmak zorundayım. Suriye halkına kaybettikleri hakları geri vermek için.' dedi.

Oğlumu göreyim diye ön cephelere gitmişliğim çoktur. Savaştığı bir sürü yere gittim. Geri dönmeyi hep reddetti.

Hatta bir keresinde benden kurtulmak için üzerime saldırdılar."

"Ses kaydı alabilir miyiz?" der Adnan, hareketlenerek.

"Hayır, yasak."

Kadın başparmağıyla işaret eder.

"Müslüman mı bu adam?"

"Beni alakadar etmez." der Adnan, iyi ezberlediği kelimelerle.

"Hayatındaki pek çok kişiyi kaybetti." diye izah eder. "Yabancılarla ya da tanımadığı kişilerle oturmak istemiyor."

"Thirteen days before, I sat with my son and his friend.

I was talking with him and I said, 'Please go back to the house. Now we have eight women and your father lost his job, because someone said that his son was working with the FSA. And they also wrote on the report that your father was moving weapons for the FSA. Now you are our only chance to be supported.'

And my son told me that they had attacked him six or seven times and he didn't die, because God wouldn't accept him. He had made some mistakes in his life and he could not be allowed into heaven yet. He said he thought he should continue fighting, so that God would accept him.

We promised that we would meet again, on Eid. But I had a feeling that it would be the last time. So when I was with him, I moved behind him, and I waved my hand to his back, because I thought it was the last time I would see him.

And they were on the frontline, the hotline. Thirteen days later his friend was killed by a sniper.

My son went to check on his friend's location and the same sniper killed my son.

After one or two days, they told my husband. He didn't let me know. But I had a feeling that something was wrong. I had a feeling from the face of my husband.

Eventually, they told me. And after, they showed me a video of my son taken one day before his death. In the video he asked his cousin in Turkey to take care of his mother and to make sure she does not want anything, that she has all she needs.

"He knew that he would not see me again."

Layla refills the glasses. Quarter to nine.

"My husband is in the Shamarin camp, شمارين . All of my family is in this camp, inside Syria.

One of my daughter's husband, he was killed as well. Now I am taking care of my daughter, his widow.

Another daughter, her husband was from Mare', مارع . And my daughter was at the camp, nine months pregnant. He went to his

"On üç gün evvel oğlum ve arkadaşıyla oturuyorduk.

Oğlumla konuşurken dedim ki, 'Lütfen eve geri dön. Arkanda sekiz kadın var şimdi. Biri çıkıp oğlu ÖSO'ya çalışıyor demiş diye baban işinden oldu. Bir de babanın ÖSO'ya silah taşıdığını söyleyen bir rapor yazmışlar. Bizi geçindirebilecek bir tek sen kaldın.'

Altı yedi kez saldırıya uğradığını, ama ölmediğini, çünkü Allah'ın onu kabul etmediğini söyledi oğlum. Hayatta bazı hatalar yaptığını, bu yüzden cennete henüz kabul edilemediğini söyledi. Savaşmaya devam etmeliyim ki Allah beni huzuruna kabul etsin diye düşünüyordu.

Bayramda tekrar buluşmak için sözleştik ama sanki onu son kez görüyormuşum gibi hissettim. Arkasına geçtim, el salladım ardından, çünkü onu bir daha göremeyeceğimi düşündüm.

Ön cepheye gittiler, ateş cephesine. On üç gün sonra bir keskin nişancı oğlumun arkadaşını vurmuş.

Oğlum arkadaşını yoklamaya gittiğinde aynı nişancı oğlumu da öldürmüş.

Bir iki gün geçtikten sonra kocama söylemişler. Kocam benim bilmemi istememiş. İçimde bir huzursuzluk vardı. Yüzüne baktığımda içim huzursuz oluyordu.

Nihayet söylediler. Sonra oğlum ölmeden bir gün önce çekilen bir video gösterdiler. Videoda Türkiye'deki kuzenine sesleniyor, annesine göz kulak olmasını, ne isteği, ihtiyacı varsa karşılamasını istiyor kuzeninden.

"Beni bir daha göremeyeceğini biliyordu."

Leyla bardakları yine doldurur. Saat dokuza çeyrek var.

"Kocam Şemmarin شمارين kampında. Bütün ailem Suriye'deki bu kampta."

Kızlarımdan birinin kocası da öldürüldü. Şimdi ben onun dul kalan karısına, kızıma bakıyorum.

Başka bir kızım daha var, onun da kocası Mare'dendi مارع. Dokuz aylık hamile kızım kamptaydı. Kampta elektrik olmadığından, kocası köye jeneratör almaya gitti.

village to get a generator, because there was not electricity at the camp.

He went by motorcycle with his cousin. On his way to the village there was a Free Syrian Army mine. They were both killed. His child was eight days old at that time – and this is why he wanted to bring electricity, to maybe power some fan for his new son.

Then they named her son after her husband, the same name.

Her husband had given three grams of gold and some money to my daughter the day before. He said 'This is a gift for you.' And then he went and died going to fetch the generator.

One of his relatives went to tell my daughter saying 'your husband is hurt.'

And she said, 'Don't say that he is hurt when he has died.' She knew.

The child, he is two years and four months old now. He is in Syria with the rest of my family."

Mahmoud, the tailor, and Adnan tsk together. And they tsk often.

Mahmoud smokes continuously. He sits still now – no longer with elbows supporting his weight on one armrest, no longer bouncing on the ankle tucked underneath him – distracting humour lapsed from his mind.

"Another one of my daughters, her husband was fighting for the Free Syrian Army. Once he was driving and had the FSA flag secured to his car.

He drove into this town, but he did not know that the town had been taken by Daesh a few hours before. They stopped him and took him and his four cousins out of the car. They took them to a prison."

Her thumb crosses her throat.

"The next day they beheaded them."

"Tsk tsk tsk"

There are long silences. The tailor hardly speaks. She prays, rocking against the long throw pillow.

She mentions certain hadiths, to the room's agreement.

Kuzeniyle motosiklete binip gittiler. Köy yolu üzerine Özgür Suriye Ordusu mayın döşemişti. İkisi de öldü. Çocuğu sekiz günlüktü daha. Oğlum için pervane çalıştırırım belki deyip elektrik getirmek istemişti kampa.

Kızımın çocuğuna kocasının ismini verdiler.

Bir gün evvelinde kocası kızıma üç gram altınla biraz para vermiş. 'Bu sana hediyemdir.' demiş. Sonra gitti, jeneratör getirecekken öldü.

Kocasının akrabalarından biri kızımın yanına gelip 'kocan yaralanmış.' demiş.

O da 'Kocam ölmüşken yaralanmış demeyin' dedi. Malum olmuş.

Çocuk şimdi yirmi sekiz aylık. Ailenin geri kalanıyla birlikte Suriye'de."

Terzi Mahmud'la Adnan tüh der. Sık sık tüh derler.

Mahmud dur durak bilmeksizin sigara tüttürür. Kıpırdamadan oturuyordur şimdi. İki dirseği bir kolçakta, ağırlığını vermiş, üstüne oturduğu ayak bileğinin üzerinde zıplar halde değil artık. Dikkatleri dağıtan o hali kayıp gitmiş zihninden.

"Diğer kızımın kocası da Özgür Suriye Ordusu'nda savaşıyordu. Bir gün arabasına iliştirilmiş ÖSO bayrağıyla yola çıkmıştı.

Bir kasabaya sürmüş arabayı, ama oranın daha birkaç saat önce DAEŞ tarafından ele geçirildiğinden haberi yok. Arabasını durdurup kendiyle birlikte dört kuzenini dışarı çıkarmışlar. Cezaevine koymuşlar."

Kadın baş parmağıyla boğazını çizer.

"Bir gün sonra kafalarını kestiler."

"Tüh."

Uzunca bir süre sessizlik olur. Terzinin ağzını bıçak açmaz neredeyse. Kadın kırlentin önünde sallanarak dua eder.

Birkaç hadis söyler, ahali tasdik eder.

"All of these things have been mentioned in the hadiths by the prophet Muhammed. You can look them up. That there would be this kind of fighting in this area, and all kinds of people coming from around the world to fight – and to do terrible things."

"And this is true," says Adnan. "I can show you these hadiths if you want."

The baby asleep, Mahmoud's wife serves *çay* and sits with her daughters.

She wears fitted navy to her ankles, large ribboning sewn under her right clavicle, headscarf zebraic in shimmering silver and black.

Eight now sit, four elevated, four on the floor. The rug covers two thirds of the concrete.

The mother of Shahid had a nephew, son of her sister, in the regime army, killed near Damascus . His brother, living near A'zaz , was called to retrieve the body. Nine months after, a third brother, a civilian, was killed by Russian air strikes in FSA territory. The same brother had to make another journey.

Adnan takes another phone call. The mother of Shahid, palms facing one another, measures a foot in distance vertically.

"You can write this size book and my story will not end."

"What made you come to Turkey?"

"The area around Mare' (also Marea), was controlled by the FSA, including my town, Tell Rifaat. But one day a huge number of Daesh forces attacked. And Daesh would, the FSA thought, take the women – as their own – like prisoners.

Maybe eight or ten members of the Free Syrian Army mixed themselves with the Daesh fighters and blew up their bodies. This would give us a few more hours. Daesh would take the area anyways, they knew that, but they gave the others a chance.

They called the Kurdish area and asked 'Open the way for us, there are women and children who need to escape.' The PKK said 'You can go out this way if you give us the right to control the village of Shaykh Isa, شيخ عيسي.

"Hazreti Muhammed hadislerinde bunların hepsini söylemiş. Gidin bakın isterseniz. Bu bölgede böyle çatışmalar olacağını, dünyanın dört bir yanından insanın gelip savaşacağını, korkunç şeyler yapacağını söylemiş."

"Doğru bu dediklerim," der Adnan. "İsterseniz göstereyim size bu hadisleri."

Bebek uyumuştur, Mahmud'un karısı çay ikram ettikten sonra kızlarıyla birlikte oturur.

Ayak bileklerine kadar inen, dar kesimli mavi bir elbisesi; sağ köprücük kemiğinin üzerinde büyük bir kurdelesi, zebra desenini andıran, siyah beyaz parıldayan bir başörtüsü var.

Dört kişi oturur halde, dört kişi ayakta, dört kişi de yerde. Halı betonun üçte ikisini kaplamış.

Şahid'in annesinin bir yeğeni varmış, kız kardeşinin oğlu. Rejimin ordusundaymış, Şam yakınlarında öldürülmüş. Azez'e yakın bir yede oturan erkek kardeşini çağırmışlar gelip cesedi alması için. Dokuz ay sonra üçüncü evlat, ki sivilmiş kendisi, ÖSO topraklarında Rus hava saldırıları esnasında ölmüş. Aynı kardeş aynı yere tekrar gitmek zorunda kalmış.

Adnan çalan telefonunu açar yine. Şahid'in annesi iki avcunu birbirine tutar, dikey bir ölçüm yaparcasına.

"Bu kadar kalın bir kitap yazsanız da benim hikayem bitmez."

"Sizi Türkiye'ye getiren ne oldu?"

"Mare civarı da ÖSO kontrolündeydi, benim memleketim Tel Rıfat dahil. Günün birinde kalabalık bir DAEŞ birliği saldırdı. ÖSO da, DAEŞ kadınları esir alabilir diye düşündü.

Özgür Suriye Ordusu'ndan sekiz on kişi DAEŞ savaşçılarına daldı ve üzerlerindeki bombaları patlattı. Bu bize birkaç saat daha verecekti. DAEŞ eninde sonunda ele geçirecekti kasabayı, biliyorlardı bunu, ama geri kalanlara bir şans tanımak istediler.

Kürt bölgesine vardılar ve şöyle dediler: 'Yolu açın bize, kadınlar ve çocukların kaçması lazım.' PKK da dedi ki, 'Şeyh İsa شيخ عيسي köyünü kontrol etme hakkını bize verirseniz buradan çıkabilirsiniz.'

See they do not have good relations, the FSA and the PKK. The FSA agreed to this and everyone in the village escaped into Kurdish territory."

This area north of Aleppo has been and is so hotly contested that a line ten kilometres long can be drawn from Mare', just east of Tell Rifaat, that south by southwest, as of June 10th, 2016, crosses into territory controlled by each of the YPG, the Free Syrian Army, Daesh (ISIS), and the Assad regime.

"The FSA fired guns throughout the village to signal that Daesh was coming. And when people heard the voice of the guns, most of the village fled and escaped. I cannot walk because of my knee. And because I could not walk, I stayed.

Daesh was coming and there was the sound of guns everywhere. The four men not be able to sleep in this situation – I couldn't walk with my two children. The four men would not sleep. I was so scared, but I slept.

My brother's wife, she has three children. She ran with other people from the village. It was night, hours before dawn. One of the children can walk better than the others. So she carried two in her arms, one in either arm.

And the other was running behind her. She was escaping with the other people and she forgot her third child was running behind her. And suddenly she turned her head and she didn't see him.

She cried and hated herself.

'What did I do?'

"She had lost him in the night."

A prayer rug is produced for Adnan.

The mother of Shahid continues to speak without translation. The tailor and Mahmoud tsk. She forms guns with her hands, makes gunshot noises. She draws her thumb across her wrists. Quarter to nine.

"Two of my sister's children were fighting on the first line, for the FSA also. And their leader left them there, alone, on the first line. They were abandoned and killed.

ÖSO'yla PKK'nın arası iyi değildi işte. ÖSO kabul etti teklifi, köydeki herkes Kürt bölgesine kaçtı."

Halep'in kuzeyinde kalan bu bölge o kadar çekişmeli bir bölge ki, Tel Rıfat'ın hemen doğusunda Mare'den itibaren güney-güneydoğu hattında on kilometrelik bir hat 10 Haziran 2016'tan itibaren aynı anda YPG, Özgür Suriye Ordusu, DAEŞ (IŞİD) ve Esad rejiminin kontrolü altında.

"DAEŞ'in yaklaştığını bildirmek için ÖSO tüm köyü dolaşıp kurşun sıktı. Silah seslerini duyduktan sonra köydeki insanların çoğu kaçtı. Dizlerim yüzünden yürüyemiyorum ben. Yürüyecek halde olmadığım için kaldım.

DAEŞ yaklaşıyordu, silah sesleri sarmıştı her yanı. Dört adam vardı, uyuyamıyorlardı bunca sesin arasında, iki çocuğumla ben de hareket edemiyordum. O dört adam uyumadı. Çok korkuyordum ama yine de uyudum.

Erkek kardeşimin üç çocuğu var. Karısı köydekilerle birlikte kaçmış. Gece vaktiydi, günün ağarmasına çok vardı daha. Çocuklarından biri diğerlerine nazaran daha iyi yürüyebiliyor. Anne bir çocuğunu bir kolunda, diğer çocuğunu diğer kolunda taşımış.

Üçüncü çocuk da annenin arkasından koşuyormuş. Ahaliyle birlikte kaçışan anne üçüncü çocuğunun arkasından koştuğunu unutmuş. Birdenbire başını çevirdiğinde oğlunu görememiş.

Ağlamaya başlamış, kendinden nefret etmiş.

'Ne yaptım ben?'

"Gece kaybetmiş oğlunu."

Adnan'a bir seccade getirilir.

Şahid'in annesi çeviri olmadan konuşmaya devam eder. Terziyle Mahmud tüh deyip durur. Kadın elleriyle silah hareketi yapar, silah seslerini taklit eder. Baş parmağıyla bileklerini çizer. Saat dokuza çeyrek var.

"Kız kardeşimin çocuklarından ikisi yine ÖSO için ön cephede çarpışıyordu. Başlarındaki asker onları oracıkta, ön cephede yalnız bıraktı. Terk edildiler ve öldürüldüler.

I am trying to just give a summary, you can write more than 150 chapters if I describe."

Layla has headphones on, playing with the phone. Alia works in a notebook. They are both learning English. Both can count to seven.

"So we are displaced. I am living here – we are still struggling here.

My husband is living with one of my daughters in the Syrian camp, Shamarin. If I want to bring, I can bring my husband and my child, but I cannot bring the child of my daughter. It doesn't make sense to bring only my husband. She does not have income; she will have no one to take care of her. None of them have income so there is no real chance for us to be reunited right now.

Another of my daughters is in Adıyaman , another is in Kilis , and another is in Maraş.

Another daughter married a Turkish man here – he was not so good to her. She escaped him and came here, to this house. And he followed with some mafia, to this house as well. Mahmoud called the police and told the true story. The police kicked him out and they were divorced."

The mother of Shahid has had difficulty getting a *kimlik*, the Turkish government's identification card for Syrians staying in Turkey. In theory, the *kimlik* (which translates to "ID" directly from Turkish) comes with certain entitlements, to health insurance for example. But she says she must wait six months, until November 29th, to apply.

"I have to wait just to apply for this shitty care. You have to know someone in Turkey just to get this.

The Turkish police stopped my husband's son a few days ago. He is thirteen years old and he doesn't even have his Syrian ID. And no kimlik. They hit him and told him that he should have this. They hit him!"

Syrian coffee appears.

Ben sadece özet geçmeye çalışıyorum, iyice anlatsam 150 bölümden fazla yazarsın."

Leyla kulaklıklarını takmış telefonuyla oynuyor. Alia deftere bir şeyler yazıyor. İkisi de İngilizce öğreniyor. İkisi de yediye kadar sayabiliyor.

"Böyle yerimizden edildik işte. Ben burada yaşıyorum, hâlâ sıkıntı çekiyoruz."

Kocam kızlarımdan biriyle Suriye'de Şemmarin kampında yaşıyor. İstesem kocamla çocuğumu getirtirim buraya ama kızımın çocuğunu getirtemiyorum. Sadece kocamı getirtmenin bir manası yok. Kızımın bir geliri yok, bakacak kimsesi yok. Hiçbirinin geçim kaynağı yok, o yüzden bir araya gelme imkanımız yok."

Kızlarımdan biri Adıyaman'da, diğeri Kilis'te, bir diğeri de Maraş'ta.

Bir başka kızım burada bir Türk'le evlendi. Kocası iyi davranmıyordu ona. O da kaçtı, buraya, bu eve geldi. Kocası peşine mafya takmış, bu eve kadar takip ettiler. Mahmud polis çağırdı, asıl olup biteni anlattı. Polis kızımın kocasını kovdu, sonra da boşandılar."

Şahid'in annesi Türkiye'de kalan Suriyelilere hükümetin verdiği kimlik kartını edinme konusunda güçlük çekiyor. Kimlik sahibi olmak normalde sağlık sigortası gibi birtakım hakları da beraberinde getiriyor. Ancak kadının başvuru yapabilmesi için altı ay boyunca, yani 29 Kasım'a kadar beklemesi lazım.

"Bu boktan hizmete başvurmak için beklemem gerekiyor. Alabilmek için Türkiye'de tanıdığınızın olması lazım.

Türk polisi kocamın oğlunu durdurmuş birkaç gün önce. Çocuk on üç yaşında ve Suriye kimliği bile yok. Polis ona vurmuş, kimliğinin olması lazım demiş. Vurmuş ona!"

Suriye kahvesi gelir.

Kadın fincan tabağını kırlentin üzerine koyar gibi yapar ama vazgeçer. Geldiğinden beri STK'lardan hiçbir yardım almadığını söyler. Binanın birinci katında yaşadığı yerde yapış yapış bir tezgahın üzerine bir rezistans yerleştirilmiş, buzdolabı bir başka

She rests her coffee saucer on the pillow, but thinks better of it. She says she hasn't received any NGO-assistance since her arrival. In her living space on the building's first floor, an element is built into a clammy counter; a fridge is shared with another large family. Her family's space is one room. Mould is a large issue. So is privacy.

"We didn't see the olive oil since we came to Turkey. I break the bread hard for the children.

And my house here is a stable, like for the animals."

"My salary is 250 Turkish Lira a week, it is not enough," Mahmoud adds. "There are NGOs going to other neighbourhood where there is not so much need. And in Europe they are getting 500 EUR a month and staying in the hotel. They are given everything and don't have to work."

"Here if you don't work you will die from starvation."

"Last week, I went to the bus without money. And the driver asked me to pay with the card."

And I said "I have no card and I have no money."

And he says, "Well go and get a card."

"But," I said, "I have no money."

"Go out. Go out and get a card."

"What will you lose if you take me there?"

"Go out and get a card."

And I said, "What fucking card?!"

The girls and their mother burst into laughter.

"I took five liras out of my pocket to give to his hand.

The tailor suggests there is a camera, that they can check each passenger.

He should make it easy for me and just let me go. He didn't regard me as a human.

'I don't have any other money.' I told him I wanted to buy bread with this five lira.

He said, 'Okay, it is not my problem.'

aileyle birlikte kullanılıyor. Kadının ailesine ait yalnızca tek bir oda var. Küf ciddi bir sorun. Mahremiyet de öyle.

"Türkiye'ye geldiğimizden beri hiç zeytinyağı görmedik. Çocuklar için ekmeği katık ediyorum.

Buradaki evim ahır gibi, hayvanların yaşadığı ahır gibi yani."

"Haftalığım 250 lira, yetmiyor," diye ekler Mahmud. "Bazı STK'lar çok fazla ihtiyaç sahibinin olmadığı öteki mahalleye gidiyor. Avrupa'da ise ayda 500 avro alıp otelde kalıyorlar. Her şey veriliyor, çalışmalarına da gerek kalmıyor."

"Burada çalışmazsan açlıktan ölürsün."

"Geçen hafta üstümde para yokken otobüse bindim. Şoför kart basmamı söyledi."

"Kartım da yok param da." dedim.

"O zaman git kart al." dedi.

"Ama param yok." dedim

"Çık dışarı. Git kart al."

"Otobüse alıversen beni ne olur?"

"Çık dışarı ve kart al."

"Allah'ın belası ne kartıymış bu?!"

Kızlarla anneleri kahkahayı basar.

"Cebimden beş lira çıkardım, şoförün eline koymak üzere.

Kamera var, her yolcuyu kontrol ediyorlar sonuçta diye ekler terzi.

Kolaylık sağlaması, geçmeme izin vermesi lazım. Bana insan gibi muamele etmiyor ki.

'Başka param yok,' Bu beş lirayla da ekmek almak istediğimi söyledim.

'Tamam, benim problemim değil.' dedi.

Şu Türkler çalışmak ve yemekten başka bir şeyden anlamıyor.

Başka hiç bir şey bilmiyorlar. Namaz kılmayı bile bilmiyorlar."

The Turkish people, they don't know anything but working and eating.

They don't know anything different. They don't even know how to pray."

Mahmoud and Adnan speak across a conversation between the mother of Shahid, Fatima, and the tailor.

"What are you writing?" Mahmoud stops. "When Adnan has not been speaking any English!"

"And Adnan – today you bring me a Canadian and tomorrow will you bring me an American?"

"Today you brought me a blond and tomorrow, please, bring a black one."

"If you want to listen to the whole Syrian story, you need a factory of books."

"Imagine at the same time, we learned my son died and it was the wedding of my sister. During the wedding they were all crying. They should be happy in this time. They were wearing their wedding clothes, but they were all crying."

"Are you writing a series for television?" Mahmoud asks, bouncing once again in his chair. "Because you are writing down every letter."

"If you are writing a book, you should be finished it by now!"

"You keep making notes – you look like a director. Tomorrow we will see Adnan on the television in a cameo and the credits will say the tailor is assistant producer!"

"He can write 150 episodes with these notes! Tomorrow we will see our story on the television, but he will find actors to play us."

"Who do you want to play you?"

"I will play myself. So you will have the real Mahmoud!"

The mother of Shahid says her brother's son, a newlywed, almost lost his arm in a barrel bomb attack. Calling for his wife at the hospital, she arrived and promptly fainted seeing his state.

The husband said, "Please, bring my brother, because my wife cannot control herself.

Şahid'in annesi, Fatima ve terzi sohbet ederken Mahmud ve Adnan araya girer.

"Adnan'ın İngilizce konuşmadığını fırsat bilip," der Mahmud. "Ne yazıyorsun öyle?"

"Adnan, sen de bugün bana bir Kanadalı getirdin, yarın da Amerikalı getirir misin?"

"Bugün sarışın birini getirdin, yarın lütfen siyahi biri olsun."

"Suriye hikayesinin tamamını dinlemek istiyorsan, fabrika dolusu kitabın olması lazım."

"Oğlumun öldüğünü öğrendiğimiz gün kız kardeşimin düğünüydü. Düşünebiliyor musun? Düğünde herkes ağlıyordu. Mutlu olacakları yerde. Düğün kıyafetleri üzerinde hepsi ağlıyordu."

"Dizi senaryosu mu yazıyorsun yoksa?" diye sorar Mahmud, koltuğunda bir kez daha hoplayarak. "Her harfi yazıyorsun da."

"Eğer kitap yazıyorsan, şimdiye bitmiş olması lazım!"

"Not alıp duruyorsun, yönetmenler gibi. Yarın Adnan'ı televizyonda küçük bir rol oynarken göreceğiz, jenerikte de terziye yardımcı yapımcı diyecekler!"

"Bu notlardan 150 bölüm çıkar! Yarın hikayemizi televizyonda göreceğiz, ama bizi oynayacak oyuncu bulması lazım."

"Sen hangi rolü oynamak istiyorsun?"

"Ben kendimi oynayacağım. Yani gerçek Mahmud olacak!"

Şahid'in annesi, erkek kardeşinin yeni evli oğlunun bir varil bombası saldırısına az kalsın kolunu kaptırdığını söyler. Adam hastaneye gittiğinde karısını çağırır. Eşini o halde gören kadın düşüp bayılır.

"Lütfen erkek kardeşimi getirin çünkü karım kendini zapt edemiyor." der kadının kocası.

And the staff at the hospital smiled.

Even now your brother is hurt and staying in a different hospital in Syria."

Her brother's son and his wife, once he was sufficiently mobile, raised money from friends and family to leave Syria. They collected 10,000 Syrian pounds, the equivalent of 150 USD at the time. The taxi driver to the border was asking for 35,000. The wife asked for help from her brother in Kayseri, Turkey , who sent 500 Turkish Lira, then ~230 USD. The couple got to the border with their two boys and one girl. They planned to cross in an ambulance.

"Usually, that was the only way they could come here to the Turkish side – and you are allowed to bring an assistant and an infant. This family they are five members. With wife, husband, two boys, and one girl. The staff asked to choose just one. So, he took his wife as his assistant and she took the infant boy.

"Then there were the last two children. The four year old child," he whispered in his mother's ear, "I can fit myself in this space, in this bag. Just open a small space to take the air."

So one of the boys is in the bag. His mom just left it open a little by the zipper, so he can have some air. And they left the daughter.

The girl is still crying until now.

"I have a record of her on the phone and she says, 'Dad, do you still love me or did you die?'

Now he is in the hospital in Kilis and his wife is in the camp in Kayseri with the infant and the boy.

And the daughter is still in Syria. And she keeps sending recorded messages to the mother – 'Mother where are you?'

This is a symbol of our life. This fire didn't let anyone escape without burning a piece of them.

And we have been conquered by everybody."

"They made a lot of money because of the Syrians here," Mahmoud

Hastane personeli gülümser.

Erkek kardeşin şu an yaralı, Suriye'de başka bir hastanede yatıyor."

Kadının erkek kardeşinin oğlu ve karısı, hareket edecek kadar iyileştiklerinde, yakınlarından para toplayıp Suriye'yi terk eder. O vakit 150 ABD doları değerinde 10.000 Suriye poundu toplarlar. Sınıra götürecek taksi şoförü 35.000 pound ister. Gelin Kayseri'deki erkek kardeşinden yardım ister. O da 500 lira yollar, yaklaşık 230 dolar yani. İki kız bir oğlan çocuklarıyla sınıra gelirler. Ambulans içinde geçmeyi planlarlar.

"Genelde Türkiye tarafına geçmenin tek yolu buydu. Bir yardımcı, bir de küçük çocuk getirme hakkınız vardı. Beş kişilik bir aileydi onlar. Karı, koca, iki erkek, bir de kız çocuğu. Oradaki görevliler yalnızca birini seçmelerini söyler. Adam karısını yardımcı olarak alır, karısı da erkek çocuğunu.

"Geriye iki çocuk daha kalır. Dört yaşındaki annesinin kulağına eğilip şöyle der 'Ben buraya, şu çantaya sığarım. Hava alacak kadar ufak bir aralık bırak yeter.'

Oğlanlardan birini çantaya koyarlar. Annesi fermuarı azıcık açık bırakır ki çocuk hava alsın. Kızı bırakırlar.

Kız o gün bugündür hep ağlıyor.

"Telefonumda kızın ses kaydı var, 'Baba, beni hala seviyor musun yoksa öldün mü?' diyor.

Adam şimdi Kilis'te bir hastanede, karısı da bebeği ve küçük çocuğuyla bir kampta.

Kız çocukları ise hala Suriye'de. Annesine sesli mesaj yollayıp duruyor – 'Anne neredesin?'

Hayatımızın özeti bu. Bu yangın, kaçan hiç kimsenin bir parçasını yakmadan bırakmadı.

Bir de herkes bizi fethetmeye bakıyor."

"Buradaki Suriyeliler sayesinde çok para kazandılar," diye ekler Mahmud. "Polis, STK'lar, hastaneler. Özellikle sınırdaki kaçakçılar."

adds. "The police, the NGOs, the hospitals. Especially on the border – the smugglers."

"Our story makes the stone cry."

"The stone cries for us, but not the humans. Whoever has a strong heart will cry for the Syrian mothers. One of my neighbours in Syria has children this age [pointing to the girls] and they have hair like my father's because they are scared all of the time."

"I think you should learn Arabic," Mahmoud interrupts again.

"*Tamam*."

"This is Turkish!"

"There is nothing in the whole history of the world that happened like in Syria in this time.

Once a plane attacked our neighbourhood while we slept and my daughter was shaking for one hour. She couldn't talk. And still now if there is any plane in the area in Turkey, she goes back to that way, to shaking. She wakes up in the night, once every week like this. It has planted terror in our hearts.

"Are we really just seven or eight million who has come out of Syria?" Mahmoud wonders.

He lifts up an ashtray from the arm of his chair to goggle at the empty space underneath it, his head taken aback.

"If you look under a rock in Germany, or the UK, or America, or Canada – if you look under a rock in any of these places – Surprise! – out come a Syrian!"

An invisible dam has burst. The tailor can't stop laughing. The girls giggle at their father. And the eyes of Fatima admire him.

"Did you know there are Syrian refugees on Mars? The Russians once went to Mars and they found Syrians there. They were disputing cash assistance!"

"And the Turkish people wonder where Syrians keep coming from – so many keep dying there, but Turkey has more every time!"

"We should prepare to go," Adnan whispers. "It is late."

"Bizim hikayemiz taşı bile ağlatır."

"Taş ağlar bizim için de, insanlar ağlamaz. Kalbinde merhamet olan, Suriyeli analar için ağlar. Suriye'deki komşularımdan birinin bu yaşta [kızları gösterir] çocukları var. Çocukların saçları babamın saçı gibi çünkü hep korku içindeler."

"Arapça öğrenmen lazım bence," diye araya girer yine Mahmud.

"Tamam."

"Türkçe bir kelime bu!"

'Suriye'de bugün yaşananların bir benzeri dünya tarihinin hiçbir döneminde yaşanmamıştır.

Biz uykudayken mahallemizde uçaklı bir saldırı oldu. Kızım bir saat boyunca tir tir titredi. Konuşamadı. Burada, Türkiye'de ne zaman bir uçak sesi olsa, yine titremeye başlıyor o günkü gibi. Haftada bir geceleyin uyanıveriyor. Kalplerimize korku saldı bu durum.

"Suriye'den ayrılanlarımız yalnızca yedi sekiz milyon kişi mi?" diye sorar Mahmud.

Koltuğun kenarındaki küllüğü kaldırır, altındaki çukura bakakalır şaşkın halde.

"Almanya'da, İngiltere'de, Amerika'da ya da Kanada'da bir taşı kaldırın, altına bakın. Sürpriz! Taşın altından Suriyeli biri çıkar!"

Görünmez bir baraj patlamıştır sanki. Terzi gülmekten kırılır. Kızlar babalarına bakıp kıkırdar. Fatima'nın gözleri terziye hayran hayran bakar.

"Mars'ta Suriyeli mülteciler olduğunu biliyor muydunuz? Ruslar Mars'a gitmiş, orada Suriyelilere rastlamış. Nakit yardımını tartışıyorlarmış!"

"Türkler de bu Suriyeliler nereden geliyor böyle durmadan diyor. Bir sürü Suriyeli orada ölüyor ölmesine ama Türkiye'dekilerin sayısı artıyor!"

"Yavaş yavaş kalkalım." diye fısıldar Adnan. "Geç oldu."

"This is just a summary. If I described it, you will not leave the house for three days."

"Don't write my name. You can write that I am the mother of Shahid."

Layla's head rests on her mother's knee. She is fast asleep. Quarter to nine.

"Thank you for listening."

"I feel there is mercy in your heart."

Suhoor

"When she started crying," Adnan explains, "he tried to interrupt us with jokes. He whispered 'forgive me.' He just was trying to make it easy for her."

Two men march the side streets of residential Gaziantep , one beating a drum that booms throughout the neighbourhood. It is the first day of Ramadan.

"I will film it for my family."

Adnan reviews the transcription, directs searches on google maps, and suggests spellings.

The drumming achieves some degree of omnipresence.

"I think the people who are not fasting will not be happy."

He lies down on the couch.

"Can you wake me in fifteen minutes? I can start cooking when I wake up."

It's half past two.

Gareth Chantler is a Canadian writer based in Gaziantep. He runs www.storiesfromsyria.com, focusing on first person interviews with Syrians in Turkey.

"Bu sadece özet. Eğer hepsini anlatmaya kalksaydım, evden üç gün ayrılamazdın."

"Adımı yazma. Şahid'in annesi yazabilirsin."

Leyla başını annesinin dizine koymuş, çoktan uykuya dalmıştır. Saat dokuza çeyrek var.

"Dinlediğiniz için sağolun."

"Kalbinde merhamet var, hissediyorum."

Sahur vakti

"Kadın ağlamaya başladığında," diye anlatır Adnan, "şakalaşıp araya girmek istedi adam. 'Beni affet' diye fısıldadı. Alışması kolay olsun istiyordu."

İki adam Gaziantep'in yerleşim bölgesinde, ara sokakları arşınlar. Adamlardan biri mahalleyi inleten bir davul çalar. Ramazan'ın ilk günüdür.

"Videosunu çekip aileme göstereceğim."

Adnan metni gözden geçirir, Google haritalarında arama yapar, kelimelerin nasıl yazılacağına dair tavsiye verir.

Davulun sesi neredeyse her yere yayılmıştır.

"Oruç tutmayanların hoşuna gitmeyecek bu bence."

Sedire uzanır.

"On beş dakikaya beni kaldırabilir misin? Uyanınca yemek hazırlamaya başlarım."

Saat iki buçuk.

Kanadalı yazar Gareth Chantler Gaziantep'te yaşıyor. Türkiye'de yaşayan Suriyelilerle yaptığı röportajları yayınladığı www.storiesfromsyria.com sitesini yönetiyor.

AMMUNITION

By James Tressler

The dog Sheriff was just another one of many dogs in the neighbourhood.

People generally looked after him the same way they did the other street dogs. The shop owners put out bits of bread and dry pet food on the pavements outside their stores each day in an act of general hospitality, in line with the Turkish practice of placing a loaf of bread on the wall outside the house each day. It was not kindliness that drove this act, but rather, an almost unconscious nod to folk wisdom passed over the generations.

At night, if it was cold, most of the cafe owners allowed a dog or two to lounge in the warmth near the entrances, and the patrons in term would pat or cajole the street dogs, or offer bits of food from their plates. So the dogs, and the cats as well, were generally looked after.

The lives of street dogs and cats can be indeterminate, and brief; often, one simply disappears – a certain lean mastiff that caught your eye, or a bright, orange tabby cat, for instance – and you would wonder if it had died, or was taken away by the municipal authorities. But just as soon, others would come along and take their places.

Sheriff was a large, broad-shouldered dog with a massive head disproportionate to the rest of his body. He had a droopy face, and sad, droopy black eyes. He was called Sheriff because of his calm authority and lazy ways. Like the other street animals, Sheriff was a common fixture in this small, southern Anatolian town.

In the hot summer afternoons, he meandered, in his slow, oafish way, to the park, and slept in the shade of the trees, and in the evenings, wandered back over to the cafes to lounge near the tables. By all accounts, Sheriff was a quiet, easy-going dog – his age could be said to be around twelve, nobody knew exactly, but

Koz

James Tressler
Çeviri: Merve Pehlivan

Köpek Şerif mahalledeki pek çok köpekten yalnızca biriydi.

Ahali genelde diğer sokak köpeklerine nasıl bakıyorsa ona da öyle bakıyordu. Dükkan sahipleri her gün kapı önlerindeki kaldırıma birkaç parça ekmekle kuru köpek maması koyardı. Bu, Türklerin tıpkı her gün evin dış duvarına bir somun ekmek koyması gibi yaygın bir misafirperverlik göstergesiydi. Aslında iyilikten ziyade nesiller boyu aktarılan, neredeyse bilinçsiz bir halk inanışına dayanıyordu bu davranış.

Gece eğer hava soğuksa, kahvehane sahiplerinin çoğu bir iki köpeğin girişin yanına uzanıp ısınmasına izin verirdi. Müdavimleriyse sokak köpeklerini sever, onlara tatlı sözler söylerdi, ya da tabaklarındaki yiyeceklerden birkaç lokma verirdi. Yani genel itibarıyla köpeklere ve kedilere sahip çıkılırdı.

Sokak köpeklerinin ve kedilerinin hayatları meçhul ve kısa olabilir. Zayıf bir çoban köpeği ya da parlak tüylü, turuncu bir tekir kedi dikkatinizi çeker mesela; sonra ortadan kayboluverir. Öldü mü yoksa belediye yetkililerince götürüldü mü merak edersiniz. Ama tez zamanda başka kediler ve köpekler gelir, gidenlerin yerini alır.

Şerif iri yarı, geniş omuzlu, vücudunun geri kalanıyla orantısız kocaman kafalı bir köpekti. Sarkık bir yüzü, mahzun, sarkık siyah gözleri vardı. Ağırbaşlı bir otoritesi ve miskinliği yüzünden Şerif adını almıştı. Tıpkı diğer sokak hayvanları gibi Şerif de bu küçük, güney Anadolu kasabasının alışılmış demirbaşlarından biriydi.

Yazın sıcak öğleden sonraları, ağır, kaba saba yürüyüşüyle parka doğru gider, ağaçların gölgesinde uyurdu. Akşamlarıysa kahvehanelere döner, masaların yanına uzanırdı. Herkesin dediğine göre Şerif sakin, sevecen bir köpekti. Yaşı on iki civarında olmalıydı, kimse tam bilmiyordu ama yürüyüşüne bakılınca yaşlı olduğu anlaşılıyordu. İnsana güven telkin eden bir yanı vardı. Ara sıra iş yaptığı bile olurdu. Vaktiyle yerel bir inşaat firması-

they could tell he was old by the way he walked. He had a certain dependable quality. He even got work once in a while. People talked about how one time a local construction firm used him as a security dog on one of its projects.

Meanwhile, in recent years, others had come to inhabit the streets of this quiet, southern Turkish town – the Syrians. The number of refugees had grown, at first slowly, and then quickly, as the war just over the border worsened. Even dispassionate observers acknowledged the veracity of media estimates that the refugees had come to outnumber the locals.

It was true many refugees had come. A good number of them stayed only a short time, bound for Istanbul, where there was more work, or else to Izmir, where the boats could take them over to Greece and on to points West – if they had that kind of money. These were the "lucky" ones.

The others, equally many, were stranded, had stayed, although some managed to open up shops.

Many of the refugees could be seen begging in the streets – passively, for the most part, with a simple placard announcing a simple plea for help, or else a father sending his little boy to hit up the people at the cafes, or a mother sitting on the sidewalk, while her children hungrily pursued and entreated passersby.

For a long time, the locals accepted, and even helped, the Syrians in the same way they helped the street dogs and cats – in part, with that inborn Turkish hospitality, and also because they were fellow Muslims.

As the months turned into years, however, attitudes had hardened. One local farmer, who claimed his entire cherry crop had been consumed by the Syrians, complained to a visiting reporter: 'It's true they are Muslims and we must help them. But surely, there must be other Muslims in the world!"

Word of "incidents," in other villages, and in the cities, too, spread like a cancer. Wild, shocking stories, about Syrians taking over neighborhoods, of pillage, of rape, of unrest, began to work their way into the fabric of the countryside, breathing resentment, hostility.

nın projelerinden birinde onu güvenlik köpeği olarak kullandığı söylenirdi.

Öte yandan, son yıllarda Türkiye'nin güneyindeki bu sakin kasabanın sokaklarını başkaları da mesken tutmuştu: Suriyeliler. Hemen sınır ötesinde yaşanan savaş şiddetlendikçe mültecilerin sayısı önce yavaş yavaş, sonra hızla arttı. Tarafsız gözlemciler bile medyanın tahminlerini doğrularcasına mültecilerin sayısının yerel nüfusu geçtiğini teslim ediyordu.

Çok sayıda mültecinin geldiği doğruydu. Büyük kısmı yalnızca kısa bir süre kasabada konaklayıp daha fazla iş imkanı sunan İstanbul'a ya da onları Yunanistan'a veya yeterli paraları varsa Batı'da başka yerlere götürecek botlara binmek üzere İzmir'e giderdi. Onlar "şanslı" mültecilerdi.

En az bir o kadar mülteciyse çıkmaza düşmüş, kasabada kalmaya devam etmişti. Aralarından birkaçı dükkan açabilmişti.

Sokaklarda çoğu zaman pek kıpırdamadan, basit bir yardım talebi yazısını tutarak dilenen bir sürü mülteci vardı. Öte yandan oğlunu kahvehanelerde para dilenmeye yollayan babalar vardı, ya da kendisi kaldırımda otururken, çocukları aç biilaç gelip geçenin peşine düşen, yalvaran anneler.

Uzunca bir süre yerel halk Suriyelileri sokak köpeklerine ve kedilerine yardım ettikleri gibi kabul etmiş, onlara yardım bile etmişti. Bu kısmen doğuştan gelme Türk misafirperverliğinden, kısmen de onların mümin din kardeşleri olmasından ileri geliyordu.

Birkaç ay, birkaç yıla dönüştüğündeyse halkın tavırları sertleşti. Suriyelilerin bütün kiraz mahsulünü yiyip bitirdiğini söyleyen yöre çiftçilerinden biri, kasabaya gelen muhabire şöyle diyordu: "Müslüman oldukları doğru, biz de onlara yardım etmeliyiz. Ama illa ki dünyada başka Müslümanlar da vardır!"

Civar köylerde, kentlerde yaşanan "hadiselere" dair rivayetler de kanser gibi yayılıyordu. Mahalleleri ele geçiren yağmacı, tecavüzcü, bozguncu Suriyelilere dair vahşi, akıllara ziyan rivayetler kırsalın dokusuna tesir etmeye, hınç ve husumet körüklemeye başlamıştı.

It was in this vein, that the story of Sheriff the dog can be viewed.

One evening, in the town, three or four Syrian youths – the reports later identified them only by their first names and last initials – were reportedly seen abusing Sheriff. The old dog was being kicked and otherwise harassed by these same Syrian youths.

A gang of locals sprang on the Syrians. Knives were brandished on both sides, and a bloody fight soon erupted. By the time authorities arrived, several had been injured. At least one of the Syrian youths had been stabbed in the heart, and was pronounced dead on arrival at the hospital. The others – local and Syrian – were treated and released, with charges reportedly pending.

The dog Sheriff was evidently OK, although the reports did not go into any detail in this regard. Following the incident, we are left to speculate that Sheriff went back to his normal street routine, none the worse for wear. Of course, this is great news, if that's the case. You imagine everyone being especially kind to him, and the cafe and shop owners making sure to feed him something special. You could even see Sheriff becoming a kind of local icon. For in this context, Sheriff would represent the feelings of the town, the outrage of easy-going, good nature abused by "invasive," "violent-minded" outsiders.

"Why do they have to bring their heartbreak, their violence, upon us? Especially after all we've done to help them? Why don't they go back where they came from? Or take their shit elsewhere?" This would presumably be the not-common, not-unspoken sentiment of many in the town towards the refugees.

Anyway, the outcome of the actual case remains undetermined, regarding the Syrian attackers. But for now, the vague details of the incident stand out in sharp relief, against the thousand-fold other heartaches and sorrows that blister and haunt this troubled region. Shameful to say: You get (almost) immune to bombings, to attacks, and even to the tragic faces of the Syrians themselves on the streets. But when something happens to a decent dog like Sheriff, for some reason it bothers you more. What did old Sheriff ever do to anybody?

Köpek Şerif'in hikayesi de işte bu bağlamda okunabilir.

Kasabada bir akşam, sonrasında tutanaklarda yalnızca isimleri ve soy isimlerinin baş harfiyle anılan üç dört Suriyeli gencin söylentilere göre Şerif'i istismar ettiği görüldü. Aynı Suriyeli gençler yaşlı köpeği tekmeleyip tartakladı.

Yerel bir çete Suriyelilerin üzerine saldırdı. İki tarafta da bıçaklar çekildi, kısa sürede ortalıkta kanlı bir kavga koptu. Yetkililer olay mahalline varana dek aralarından birkaçı yaralanmıştı. Suriyeli gençlerden birinin kalbine bıçak saplanmış, hastaneye vardığında öldüğü bildirilmişti. Diğerleri, hem yöre halkından olanlar hem Suriyeliler, tedavileri bittikten sonra serbest bırakıldı. Söylenene göre suçları hala karara bağlanmamış.

Her ne kadar bu söylentiler hiç ayrıntıya girmese de, köpek Şerif'in durumu iyiydi besbelli. Olayın ardından, Şerif'in hiç zarar görmeden olağan sokak rutinine geri döndüğünü düşünüyorduk. Harika bir haberdi bu, tabii eğer doğruysa. Herkesin ona bilhassa iyi davrandığını, kahvehane ve dükkan sahiplerinin ona özel mamalar verdiğini tahmin edebilirsiniz. Şerif'in bir nevi yerel bir simgeye döndüğünü bile tasavvur etmek mümkün. Zira bu bağlamda Şerif, kasabanın genel hissiyatını, sevecen, iyi huyluların "işgalci," "şiddete meyyal" yabancılar tarafından istismar edilişini temsil ediyor olabilir.

"Neden acılarını, şiddetlerini bizim üstümüze salıyorlar? Hem de biz onlara bunca yardım ettikten sonra? Neden geldikleri yere dönmüyorlar? Ya da pisliklerini alıp başka bir yere götürmüyorlar?" Kasaba sakinlerinin mültecilere karşı yaygın olmasa da bir şekilde dile getirdiği hissiyat muhtemelen buydu.

Her halükarda, Suriyeli saldırganlara dair asıl hadisenin sonucu halen meçhul. Şimdilik bu dert sahibi bölgeye zarar veren, dadanan binlerce acının ve tasanın yanında bu hadisenin belli belirsiz hatları çok daha önem kazanıyor. İnsan şunu söylemeye ar ediyor: Bombalara, saldırılara, sokaklarda Suriyelilerin mahzun yüzlerine karşı bile (neredeyse) umursamaz hale geliyorsunuz. Ama Şerif gibi efendi bir köpeğin başına bir şey geldiğinde, her nedense bu sizi daha çok rahatsız ediyor. İhtiyar Şerifin kime ne zararı dokundu?

This may sound cynical, but something tells me that the fall-out would not have been nearly so drastic, so violent, had the attackers been other locals. Sure, there would have been intervention – sharp words, threats, maybe, even some shoving. But I don't think the knives would have been employed. In this situation, I think the dog Sheriff was, sadly for those concerned, a kind of ammunition. His mistreatment stood, in the locals' eyes, as fuel to their fire against the Syrians, along with all the other stories they'd heard about and read about and personally witnessed and withstood.

What Sheriff stood for in the eyes of the Syrian youths I cannot say.

James Tressler is the author of Conversations in Prague and The Trumpet Fisherman, and was a journalist for the Times-Standard in Eureka, California. He currently is living in Istanbul.

Art niyet arıyor gibi gözükebilirim ama, içimden bir ses saldırganlar yöre halkından olsaydı bu kadar sert, hiddetli bir kavga kopmazdı diyor. Elbette müdahale edilirdi, ağır sözler söylenirdi, tehditler savrulurdu belki, hatta itişip kakışma dahi olurdu. Ama bıçaklar çekilmezdi diye düşünüyorum. Bana kalırsa bu hadiseye karışanlar köpek Şerif'i ne yazık ki bir koz olarak kullandı. Köpeğin maruz kaldığı kötü muamele, yöre halkının duyduğu, okuduğu ve şahsen tanıklık edip direndiği bütün diğer olayların da etkisiyle Suriyelilere karşı öfkesini körükledi.

Suriyeli gençlerin gözünde Şerif ne manaya geliyordu bilemiyorum.

James Tressler Conversations in Prague ve The Trumpet Fisherman kitaplarının yazarı. Kaliforniya'nın Eureka şehrinde Times-Standard gazetesinde çalıştı. Halihazırda İstanbul'da yaşıyor.

Reclaim Our City

By Paz Griot

We're murder suspects
from Bedstuy to Prospect,
baptized in the waters of the Hudson River,
anointed by the graffiti on the Q train
to revive lost passions
and break the chain.
Somewhere
beneath the blood and beer bottles
is our ancestry.
You say my eyes are two gemstones
from the next galaxy,
and my ideas
will be the end of slavery.
And I sacrifice
my *wajd*
to your dreaded hair,
your voice of reason
as the subway gets held up at Union Square,
and only our dynamic devotion
could put the train back in motion.
I wanna get your hell raised.
I wanna get these debts paid.
You urbanize my body
in dangerous dialogues,
recalcitrant rhythms
that take down the system.
Our perilous patterns

ŞEHRİMİZİ GERİ ALALIM

Paz Griot
Çeviri: Elif Koç

Biz cinayet şüphelileriyiz
Bedstuy'dan Prospect'e,
Hudson sularında vaftiz edilen,
Q treninin grafitileriyle meshedilen
Ölmüş tutkuları canlandırmak
Zincirleri kırmak için.
Bir yerlerde
kan ve bira şişelerinin altında
atalarımızın kemikleri.
Gözlerin bir çift yakut, diyorsun
başka bir galaksiden
ve senin fikirlerin
getirecek bu köleliğin sonunu diyorsun.
Ve metro Union Square'de beklerken
kurban ediyorum *vecdimi*
rastalı saçlarına,
mantığının sesine,
sadece bizim cüretli sadakatimize
çalıştırabilir treni yine.
Cehenneminize körük olacağım.
Bu borçları ödeteceğim.
Bedenimi kentleştiriyorsunuz
tehlikeli diyaloglarla,
sistemi yerle bir edecek
isyankar ritimlerle.
Tehlikeli kalıplarımız
Satürn'ün yörüngesinde

orbit to Saturn
and glow like lanterns
and Brooklyn is effulgent
and the hookah's pungent
as you pass me the pipe
with hip-hop growing ripe
on our stereo.
Let's reclaim our city
in salvation synergy,
in vibration telepathy,
above so much inequity
is our Love Story.
The Gods of the Streets have intervened:
Revelation of rebellion,
messages from the gurus in the jail cells.
The dead hip-hop scrolls
will be what saves our souls,
outlaw oral tradition.
These Deities died
when our leaders lied
about who they considered human,
only to be reborn
from the vomit of the AIDS patients
and the fascism in the schools.
Those who break the rules
foresee a new future,
divine a *different* destiny.
Let's reclaim our city
from those who desecrate our dreams
with racism and Regents tests,
with homophobia and hatred,

ve fener gibi parlıyor
ve Brooklyn göz kamaştırıyor
ve nargilenin keskin kokusu
elden ele gezerek
radyodaki hip-hop
sesine karışıyor.
Şehrimizi geri alalım
kurtuluşun yoldaşlığı
müziğin akıldaşlığıyla
her türlü adaletsizliğin üzerinde
Aşk Hikayemizle.
Sokakların Tanrıları buyurdu:
İsyanın vahiyleri,
hapisteki mürşitlerin kelamı.
Ölü hip-hop yazmaları,
bu kanunsuz ozanlık geleneği,
kurtaracak ruhlarımızı.
Bu Tanrılar öldü
önderlerimiz kimin insan olduğu
hakkında yalan söylediği anda,
sadece yeniden doğdular
AIDS hastalarının kusmuğunda
ve okullardaki ırkçılıkta.
Kuralları yıkanlar
yeni bir gelecek öngörüyor,
farklı bir kader müjdeliyor.
Şehrimizi geri alalım
hayallerimizi talan edenlerden
ırkçılık ve Regents testleri ile
Homofobi ve nefret ile
Artan kiralar ve hak ihlalleri ile.

with rent prices and rights abuses.
And I may be fucked up,
but I am not brought down
by this town
or the repugnant sound of gunshots.
I've found my family.
I've got my powers.
And our truths will shower
like meteors
on this city built on bigotry,
on this pavement laid on skeletons.
Reclaim our city
and envision:
Reconstruction that really rectifies,
mobilization that conquers repression,
solidarity that shatters slavery.
Cuz hip-hop *ain't* dead
if we give it life
and resurrect
the righteous vibe.
The status quo
becomes last year's show
and we are unfrozen,
enamored,
empowered.
Let's go!

Paz Griot is a spoken word poet, visual artist, actor, playwright, and performer originally from New York City. He now lives in Istanbul. He has written and published several poems, performed in countless plays and open mic events, written seven plays and exhibited his paintings, collages, and sculptures in six gallery shows in New York. He is currently writing his eighth play, and is launching a Zen meditation group.

Beceriksizin teki olabilirim,
ama izin vermiyorum
bu kasabanın
ya da iğrenç silah seslerinin
beni dibe çekmesine.
Ben ailemi buldum.
Güçlerimi keşfettim.
Ve gerçeklerimiz yağacak
göktaşları gibi
bağnazlık üzerine kurulu bu şehre,
iskeletler üzerine serili n kaldırımlara.
Şehrimizi geri alalım
ve hayal edelim
Hakikaten kalkındıran bir kalkınma
baskıyı fetheden bir seferberlik,
köleliği bitiren dayanışma.
Çünkü hip-hop *ölmez*
ona hayat verirsek
ve yeniden diriltirsek
erdemli ritimleri.
Bugün olup bitenler
Artık geçen yılın mevzusu
buzlarımız eridi,
aşkımız alevlendi,
gücümüz geri geldi.
Haydi, ileri!

Aslen New York'lu spoken word şairi, görsel sanatçı, oyun yazarı ve performans sanatçısı. İstanbul'da yaşayan ve çeşitli şiirleri yayınlanan Griot sayısız oyunda ve açık mikrofon etkinliğinde sahne aldı, yedi oyun yazdı ve resimleri, kolajları ve heykelleri New York'ta altı galeride sergilendi. Halihazırda sekizinci oyununu yazan Griot bir Zen meditasyon grubu kurma aşamasında.

Metrobus Dreams

By Lisa Morrow

People who live in Istanbul will be amused and even laugh out loud as they read this, but when I catch the Istanbul metrobüs from Soğütlüçeşme in Kadıköy to Zincirlikuyu on the other side of the Bosphorus, I am transported to a different world. The complete route covers a total of fifty kilometres and the long, bendy buses carry nearly a million people a day from one end of Istanbul to the other. Passengers ordinarily describe their trips as jam-packed, too hot, and often smelly, but to me, the journeys on these crowded vehicles are an adventure in which every stop brings me to another time and place.

We start in Söğütlüçeşme, a name which conjures up visions of a refreshing fountain shaded by willows. I imagine the neighbourhood women walking there every morning to collect the water they need for daily use. While their husbands think they are being dutiful wives, I see them gathered around the fountain, chatting and relaxing and catching up on the news, as their children play and run circles around them. As the women gossip, they surreptitiously eye any unmarried daughters to see who would be a good match for their sons. The girls in question walk slowly to and from the fountain, dawdling when they come to particular houses in the hope of attracting the attention of the boy they fancy. In the past, they might have looked for a chance to leave a chickpea or another such coded item on the path for the boy to find. I don't remember the exact meaning of leaving a chickpea, but I know the chickpeas grown widely in the Mediterranean are thought to have come from Afghanistan. They are called kabuli in Hindi and Urdu, which in Turkish, means 'acceptance.'

Next we come to Fikirtepe, which roughly means the 'hill of ideas.' As we move slowly down the side of the valley and stop to take on more passengers, I stare out through the tinted windows and wonder what deep and brilliant thoughts once emanated from this place. In 1876 a wooden hunting lodge was built here for Sultan Murad V. His reign came to an end after only three

METROBÜS'TE HAYAL KURARKEN

Lisa Morrow
Çeviri: Merve Pehlivan

İstanbul sakinleri bu metni okurken eğlenecek hatta kahkahayla güleceklerdir, ama ben Söğütlüçeşme'den metrobüse binip Boğaz'ın öteki yanında Zincirlikuyu'ya giderken bambaşka bir dünyaya giriyorum. Toplam elli kilometreyi bulan bu güzergah üzerinde ilerleyen uzun, körüklü otobüsler günde yaklaşık bir milyon insanı taşıyor. Yolcular genelde bu otobüsleri tıklım tıklım, aşırı sıcak ve genelde pis kokulu buluyor. Ancak benim için bu kalabalık araçlarda yolculuk etmek, her durakta başka bir zaman ve mekana gittiğim bir macera demek.

Söğüt ağacının gölgesinde insanı ferahlatan bir çeşmeyi çağrıştıran Söğütlüçeşme'den başlıyoruz. Her sabah, o günün ihtiyacını karşılayacak kadar su almak için çeşmeye yürüyen kadınları hayal ediyorum. Kocaları ne kadar vazifeşinas eşim var diyedursun, ben bu kadınları çeşmenin başında toplanmış, çocukları etraflarında fır dönerken en son havadisleri konuşur halde düşlüyorum. Kadınlar bir yandan fiskos ediyor, bir yandan göz ucuyla oğullarına yakışır bir gelin adayı var mı diye bakınıyorlar. Bu kızlar da çeşmeye doğru yavaş adımlarla gidip geliyor, hoşlandıkları oğlanın dikkatini çekme hevesiyle bazı evlerin önünden salınarak geçiyorlar. Vakti zamanında, sevdikleri oğlan bulsun diye yol üzerine serpmek üzere nohut ya da benzer şifreli bir şey arıyorlardı belki. Ardında nohut bırakmak ne anlamına geliyor tam olarak hatırlamıyorum ama Akdeniz bölgesinde yaygın olarak yetiştirilen nohudun Afganistan'dan geldiği düşünülüyor. Hint ve Urdu dillerinde nohut kabuli yani "kabul" demek.

Sonra Fikirtepe'ye geliyoruz. Vadiden yavaşça inerek daha fazla yolcu almak için durduğumuz esnada, metrobüsün gölgeli camlarından dışarı bakıp eskiden buralarda ne gibi derinlikli, parlak fikirlerin yükseldiğini merak ediyorum. 1876 yılında Sultan V. Murat için ahşap bir av köşkü inşa edilmiş bu muhitte. Akıl sağlığının zayıflamasıyla birlikte tahta geldikten yalnızca üç ay sonra saltanatı sona ermiş V. Murat'ın. O nedenle muhitin adı bu hükümdardan gelmemiştir diye düşünüyorum. Kendisi Topkapı

months due to his declining mental state, so I think it's unlikely it was named for him. He was brought up within the confines of the kafes in Topkapı Palace. Known as the 'cage' in English, the kafes was a two storey building in the palace grounds where the heirs to the empire were kept locked away until they ascended the throne or died. Elaborately appointed, the kafes provided all the luxuries a prince could want, except for windows on the ground floor, and freedom.

Now all that is left of the suburb's possibly brilliant past is a ramshackle hamam, or Turkish bath, on the edge of a desolate wasteland awaiting urban renewal. For many years, the area was home to Turks who migrated from the southeast during the country's internal turbulence of the 1980s and 1990s. They lived in rickety huts called *gecekondu*, which literally translates as 'night dwelling.' Newly arrived residents collected old pieces of wood, scraps of corrugated iron and even flattened oil cans and hastily put together shelters before the sun came up. At the time, a law existed that deemed any dwelling erected overnight legal, but didn't stipulate as to their quality. The haphazardly built apartment blocks, which later replaced the gecekondu, have since been declared unsafe, and the inhabitants have been forced to move elsewhere in their search for a better life.

At Uzunçayır, I envisage the long fields to which the name refers. Fully grown sheep and brilliantly white newborn lambs dot meadows covered with long blades of grass swaying gently in the cooling breezes. In my mind's eye, the reality of the ugly sprawling mess of over and underpasses connecting the intersection of two major highways and numerous side roads is always blanketed with the red poppies of spring or the purity of winter snow. It's hard to believe now, but not that long ago, much of this side of Istanbul was a wilderness of green. Densely packed forests boasting a rich array of wildlife provided a cool respite for the sultans and their court during the gruelling heat of summer, while the lush pastures bred succulent lambs for their feasts.

After a slow crawl out of the basin comes Acıbadem, which is also the name of my favourite Turkish almond meal biscuit. The name correctly translated means 'bitter almond' but is a misnomer for these moistly sweet treats. Caught up in the delight of remembering the taste, I wonder if the acıbadem on

Sarayı'ndaki 'kafes'in içinde yetiştirilmiş. Burası, saray sınırları dahilinde, veliaht şehzadelerin tahta çıkana ya da ölene dek kilitli tutulduğu iki katlı binaya tekabül ediyor. Özenle donatılan kafes bir şehzadenin arzulayabileceği her tür lüksü barındırıyordu, zemin katın pencereleri ve özgürlük hariç.

Bu kenar mahalle belki de böyle muhteşem bir geçmişe sahipti. O zamanlardan geriye kalan tek şey kentsel dönüşümü bekleyen ıssız bir arazinin kıyısındaki yıkık dökük bir hamam. Seksenli ve doksanlı yılların çalkantıları esnasında güneydoğudan gelen Türkler burayı uzun yıllar mesken tutmuş, gecekondu adı verilen köhne kulübelerde yaşamış. Şehre henüz varan göçmenler eski ahşap parçaları, oluklu hurda demir ve hatta düzleştirilmiş yağ tenekeleri toplayıp gün doğana dek barınak inşa edermiş. Bir süre sonra gecekonduların yerini alacak, gelişigüzel biçimde dikilen apartmanların güvenli olmadığı ilan edildi. Bu apartmanlarda yaşayanlar ise daha iyi bir yaşam ümidiyle başka bir yere taşınmaya zorlandı.

Uzunçayır'a geldiğimizde ise durağın ismindeki gibi uzun çayırlar düşlüyorum. Serin bir meltemin hafif hafif kıpırdattığı uzun çimlerin arasında olgun koyunlar ve yeni doğmuş, göz alıcı beyaz kürklü kuzular görüyorum. Benim zihnimde, burada iki ana arteri ve pek çok yan yolu birbirine bağlayan alt geçitlerin, üst geçitlerin o çirkin keşmekeşi ilkbaharda her daim kırmızı gelinciklerle, kışınsa saf bir kar örtüsüyle kaplı. Bugün inanması güç olabilir ama, yakın zamana dek İstanbul'un bu yakasının büyük bir kısmı bakir doğadan ibaretti. Zengin bir yabani hayata ev sahipliği yapan sık ormanlar, yazın hararetli aylarında hükümdarı ve maiyetini ferahlatırken, saraydaki ziyafetleri süsleyecek etine dolgun kuzular verimli otlaklarda yetişiyordu.

Bu havzadan ağır ağır uzaklaştığımızda ise Acıbadem, yani Türk mutfağında en sevdiğim badem ezmesi kurabiyesinin durağına geliyoruz. Gerçi ağızda eriyen bu tatlıya 'acı badem' demek yanıltıcı. Kurabiyenin tadı damağımda, metrobüs hattı üzerindeki acıbademin bir lakap olabileceğini düşünüyorum. Burası tadı kaybolan gerçek aşkın mahalli miymiş acaba, erkeğin sevdalandığı minik badem çiçeği meğer solmuş, yara almış bir çiçek miymiş? Yoksa toprağında meyvesi acı badem ağaçları mı yetişiyordu buranın, yani daha sıradan bir hikayesi mi vardı? Ana yolun kenarındaki tepelerde eskiden bostanlar olduğunu söylemişti

the metrobus line is a sobriquet. Was this the site of true love turned bad, when a man's little almond blossom turned out to be a bruised and damaged flower? Or is the story more mundane, and the soil only yielded almond trees whose fruit was bitter to the taste? I know from talking to local taxi drivers that the hills next to the highway we're on used to be covered in orchards. In spring, the air would be heady with the scent of fruit blossoms. I try to finish the tale of the fragile bloom of my imagination but sadly, as I gaze out the bus windows, my dream is interrupted by insistent lines of new villas cascading down the terraces, mowing down the remaining patches of unspoiled landscape.

The meaning of the word Altunizade, also the name of the next suburb on the route, is open to interpretation. *Altun* on its own means gold coloured, and *zade* derives from Ottoman Turkish and means 'son of'. The present day suburb sits on a hill that in the past would have had a commanding view to the Bosphorus away in the distance. I like to imagine Altunizade was the much-awaited first born son of a pasha and his blushing bride. On reaching maturity, a grand palace was built for him here and he lived out his days casting a golden light on the rolling hills of Istanbul. In reality the neighbourhood was in fact established by a pasha, one Altunizade Ismail Zühdi Pasha, in the second half of the nineteenth century. He was responsible for building a mosque, the main road, a hamam and other properties, which he rented out. Numerous members of his family can still be found here, resting peacefully in the local cemetery. In my story his proud parents lie there too, alongside their beloved boy.

The next stop on the metrobus line is Burhaniye Mahellesi. *Burhan* in Ottoman Turkish means 'proof' or 'witness.' This small and almost hidden suburb sits tucked away high above the turbulent waters of the Bosphorus, on the edge of which Beylerbeyi Palace can be found. When I look out the bus window I can see the residents creeping down the hill to spy on the ladies of the palace. Were they privy to the secrets of the sultans? Did they watch as the courtesans, dressed in their finery, giggled and laughed as they waited for the arrival of a golden caique to come and row them to the Sweet Waters of Asia on balmy summer nights? Were the locals of Burhaniye the first to gossip about who had a new gentleman caller and who had fallen from grace?

buralı taksi şoförleri. İlkbaharda meyve çiçeklerinin kokusu baş döndürürmüş. Hayal gücümün bana anlattığı zarif çiçeğin masalını bitirmeye çalışıyorum. Ancak ne yazık ki otobüsün camından dışarı baktığımda tek tük el değmemiş toprak parçasını da ele geçiren, taraçalarda inatla sıra sıra dizilmiş yeni villalarla hayallerim sekteye uğruyor.

Güzergahımız üzerinde, merkezden uzak bir diğer mahalle Altunizade'nin kelime anlamı yoruma açık. Altun, altın renkte demek; zade ise Osmanlıcada 'oğul' manasına geliyor. Günümüzde bu muhit, eskiden olsa uzaktan Boğaz'a hakim bir manzaraya sahip bir tepede yer alıyor. Altunizade'yi, bir paşayla utangaç gelininin dört gözle beklediği ilk oğlu gibi düşlüyorum. Yaşını başını alan paşa için burada görkemli bir saray yapılmış, o da İstanbul'un irili ufaklı tepelerine altın sarısı ışık saçan bu sarayda geçirirmiş günlerini. Esasen bu mahalle on dokuzuncu yüzyılın ikinci yarısında yaşayan Altunizade İsmail Zühtü Paşa tarafından kurulmuş. Buraya bir cami, ana cadde, hamam ve kiraya verdiği başka binalar inşa etmiş. Paşanın aile fertlerinin pek çoğu hala buradaki kabristanda huzur içinde yatıyor. Benim hikayemde ise paşanın kıvançlı anne babası da aynı yerde, sevgili oğullarının yanında yatıyor.

Metrobüs hattının bir sonraki durağı Burhaniye Mahallesi. Osmanlıcada burhan 'kanıt' veya 'tanık' manasına geliyor. Bu ufak, neredeyse gizli saklı kalmış kenar mahalle, kıyısında Beylerbeyi Sarayı'nın yükseldiği Boğaz'ın azgın sularının çok üzerinde bir kuytuda yer alıyor. Camdan dışarıyı seyrettiğimde, mahalle sakinlerinin saray kadınlarını gözetlemek için usul usul yokuş aşağı indiğini görüyorum. Sultanların sırlarını mı biliyorlardı? Ilık yaz gecelerinde Asya'nın Tatlı Sularında kürek çekecek altın kayığı beklerken kıkırdayan, şıkır şıkır giyinmiş cariyeleri mi seyrediyorlardı? Yeni bir beyefendiyi misafir edip itibardan düşenleri ilk Burhaniye sakinleri mi çekiştiriyordu?

Muhite adını veren hikaye en az bunun kadar ilginç ama romantizmden de bir o kadar uzak. Bu mahalleyi ilkin 1876'daki Bulgar İsyanlarından kaçan mülteciler mesken tutmuş. Baştan 'muhacir' yani 'göçmen' köyü olarak bilinen mahalle, Sultan Abdülhamid Han tarafından oğlu Burhanettin Efendi adına 1902 yılında inşa edilen Burhaniye Camii'nden sonra isim değiştiriyor. Gerçek hikaye bu olabilir ama ben hala kendi versiyonumu tercih ediyorum.

The actual story behind the name is equally interesting but far less romantic. The neighbourhood was originally settled by refugees from the 1876 April Uprising in Bulgaria. First known as Muhacir Köyü, 'Immigrant village,'it was renamed for the Burhaniye Mosque built in 1902 by Sultan Abdul Hamid II for his son Burhanettin Efendi. This story might be true, but I still prefer my version.

The next stop, Boğaziçi Köprüsü, the Bosphorus Bridge, needs no imagining as the moment the metrobus starts the crossing, one is swept away by the sun sparkling on the bright blue waters below and bouncing off the minarets that sketch in the skyline. As we cross the bridge, wide brushstrokes of detail paint in the city and there is more than enough to feed my daydreams before I alight at Zincirlikuyu. Here, at the stop whose name means 'well or shaft equipped with a chain,'my imagination halts as if suddenly tethered to the earth. I return once more to the present and alight from the bus to join the throng of commuters scurrying for the exits, heading off on more journeys to other places with equally mysterious and bewitching names.

Lisa Morrow is a Sydney born sociologist, blogger, writer and author of three books about Turkey, who lived in Istanbul for eight years. Her website www.insideoutinistanbul.com came about from her determination to scratch away the seemingly mundane surface of ordinary Turkish life to reveal the complexities below.

Bir sonraki durağı, yani Boğaziçi Köprüsü'nü ise tasavvur etmeye gerek yok. Metrobüs karşıya geçmeye başladığı andan itibaren, altımızdaki parlak mavi suların üzerinde ışıldayan, şehrin siluetini belirleyen minarelerden akseden güneş insanı alıp götürüyor. Köprüyü geçtiğimiz anda, geniş fırça darbeleriyle şehrin ayrıntıları meydana çıkıyor. Zincirlikuyu'da inmeden önceki ayrıntılar ise düşlerimi beslemeye yeter de artar. Zincirli bir kuyuyu ifade eden bu durağa geldiğimde, sanki birdenbire yeryüzüne çakılıvermişim gibi hayal gücüm duruyor. Tekrar şimdiki zamana dönüyorum, otobüsten iniyorum ve çıkış turnikelerine koşuşturan, en az diğerleri kadar gizemli, büyüleyici isimlere sahip başka yerlere doğru yolculuk edecek kalabalığa karışıyorum.

Sydney doğumlu, İstanbul'da sekiz yıl yaşayan Lisa Morrow Türkiye hakkında üç kitabın yazarı sosyolog, yazar ve blog yazarı. Morrow ayrıca, alelade görünen Türk gündelik hayatının yüzeyini kazıyıp altındaki girift öğeleri açığa çıkarma azminden doğan www.insideoutinistanbul.com web sitesinin kurucusu.

I Allow You to Penetrate My Cold Heart with Your Golden Horn, Istanbul

By Dora Šustić

Either you make love or you make love through art
When love is palpable
Poetry lives in the gaze of two lovers
When love is far
The distant songs make pleasant comfort and lovers use abstractions
To satisfy their lonesome hearts
Istanbul makes my groins wet and skin soft from excess oxygen
Istanbul flushes my waters down
Istanbul does not spare me from risks or doubts
Istanbul is my mirror -
when I look at my reflections in the city's windows
I see all my faults
Istanbul is mean sometimes, vulgar and coarse
Istanbul touches me directly, but only when he wants
There are little things I can do to captivate his attention
Istanbul leads me
And I follow into wells of flamboyance
Unleashed invading persuasive force
Istanbul treats me like I'm made of steel
Not knowing that my heart is made of the tiniest seeds of pomegranates
And pomegranates are Istanbul's very essential pieces
He is as invasive as the Galata tower into the Bosphorus sky
Istanbul has always been a part of me, I visited him in my dreams
Istanbul is patient with me, and he smells like home
Istanbul is the fire of my loins

Donmuş Yüreğimi Altın Boynuzunla Del, İstanbul

Dora Šustić
Çeviri: Elif Koç

Ya sevişirsin ya sanatla sevişirsin
Aşk ele avuca sığmayınca
Şiir iki âşığın bakışlarında can bulur
Aşk gözden ırak olunca
Uzak şarkılarda tatlı bir huzur bulunur, sevenler mecazlarla konuşur
Yapayalnız yüreklerini dindirmek için
İstanbul kasıklarımı ıslatıyor ve tenimi canlandırıyor temiz havasıyla
İstanbul ağzımın suyunu akıtıyor
İstanbul beni tehlikeden kuşkudan sakınmıyor
İstanbul benim aynam,
şehrin pencerelerinde kendimi her gördüğümde
Tüm yanlışlarım da bana bakıyor
İstanbul huysuz bazen, hoyrat, kaba
İstanbul işine geldiğinde ta içime dokunuyor
Dikkatini çekmek için benim de var birkaç numaram
İstanbul bana yolu gösterir
Ben de gösterişli kuyularına düşerim
İstilacı, ısrarcı ve isyankâr
İstanbul bedenimi çeliktenmiş gibi döver
Kalbimin minicik nar tanelerinden yapıldığını bilmeden
Ki narsız bir İstanbul düşünemem
Galata'nın Boğazın semasınız deldiği gibi ruhumu delen
Hep bir parçam İstanbul rüyalarıma giren
Bana sabreden, yuvam kokan İstanbul
Kasıklarımı yakan alev İstanbul

Born in Rijeka, Croatia, Dora Šustić (1991) obtained her BA in political studies at the Faculty of Social Sciences in Ljubljana, Slovenia. In 2012, she moved to Prague, where she currently studies screenwriting for a MA degree at the Film and TV School of the Academy of Performing Arts (FAMU). Her poems, fiction and non-fiction have been published in several international journals (GUTS Magazine, Hourglass Literary Magazine, Modna, Magazine for Art and Feminism etc.). She wrote and directed several short films and is currently writing her first feature screenplay, Virgins of Pomegranates

1991 yılında Hırvatistan'ın Rijeka şehrinde doğan Dora Šustić, Ljubljana'daki (Slovenya) Sosyal Bilimler Fakültesi'nden siyaset bilimi lisans derecesine sahip. 2012 yılında Prag'a taşınan Šustić, Gösteri Sanatları Akademisi Film ve TV Okulu yüksek lisans programı kapsamında senaryo yazımı üzerine çalışıyor. Şiirleri, kurmaca ve kurgu dışı metinleri GUTS Magazine, Hourglass Literary Magazine, Modna, Magazine for Art ve Feminism gibi uluslararası yayınlarda yer aldı. Senaryo yazımını ve yönetmenliğini üstlendiği çeşitli kısa filmleri bulunan Šustić halihazırda ilk uzun metraj senaryosu Nar Bakireleri'ni yazıyor.

TRAFFOCALYPSE

By Anna Rogava

The local news in Istanbul referred to the incident as 'Traffocalypse'. One foggy morning in October, at the crossroad near the Trump tower in Mecidieykoy, all the buses were suddenly abandoned by their drivers. Just like that – they got up and walked out, leaving behind their buses crammed with morning commuters.

It all started with one driver: after being stuck in the traffic jam for over fifteen minutes, he slammed the door open and – without giving an explanation to the perplexed passengers, without even a backwards glance – walked away. The bus occupants looked on, baffled, as he strode his way determinedly through the unmoving traffic, disappearing in the maze of vehicles.

"At first I thought he was leaving the bus to buy a *simit* from the vendor on the sidewalk, as he always does when we're stuck in the godless traffic jam", commented Zeynep, one of the passengers, "so we were all shocked to see him leave like that, never to come back."

Another passenger, Yigit claims that he suspected something was wrong even before the driver's dramatic behaviour. "I saw him holding this really intense eye-contract with another bus driver. I thought it was odd, because usually in these situations they roll down the windows and chat, but this time they were just staring at each other weirdly, in a sort of meaningful way. I could see something passing between them. And then they just got out of the buses and walked away together."

The two drivers were joined by others. One by one, they wordlessly abandoned their posts and joined the growing parade of the deserters. It was reported that even one taxi driver jumped out of his car and – yelling something unintelligibly – tried to join them. He, however, was stopped by the driver of 49Y who punched him down to the ground.

TRAFİKIYAMET

Anna Rogava
Çeviri: Merve Pehlivan

İstanbul'un yerel haber kaynakları olayı 'Trafikıyamet' olarak verdi. Sisli bir Ekim sabahı, Mecidiyeköy'deki Trump Towers'ın yakınlarındaki kavşakta, birdenbire tüm şoförler otobüsleri terk etti. Tam da böyle oldu – şoförler kalkıp gittiler, sabah işe giden yolcularla tıka basa otobüslerini arkalarında bırakarak.

Her şey tek bir şoförle başladı: On beş dakikadan uzun süre trafikte kalan adam kapıyı gümbürtüyle açıp – afallayan yolculara hiçbir şey söylemeden, geriye bile dönüp bakmadan – çıktı gitti. O kıpırdamayan trafikte emin adımlarla ilerleyip araçlarla örülü labirentin içinde kaybolurken, otobüstekiler şoföre hayretle bakakaldı.

"İlkin, şu dinsiz imansız trafiğe ne zaman denk gelsek yaptığı gibi, kaldırımdaki simitçiden simit almaya gidiyor sandım", diye yorumladı yolculardan Zeynep, "hiç geri gelmeyince hepimiz şaşkına döndük."

Yolculardan bir diğeri Yiğit ise, şoförün bu dramatik tavrından önce bir şeylerin ters gittiğinden kuşkulandığını iddia etti. "Başka bir otobüs şoförüyle uzun uzun bakıştıklarını gördüm. Ne acayip dedim, çünkü normalde camları indirip sohbet ederler, ama bu sefer sadece birbirlerine böyle tuhaf, manalı manalı bakıyorlardı. Aralarında bir şey geçtiğini hissettim. Sonra da zaten ikisi de otobüsten inip birlikte kayboldular."

Bu iki şoföre diğerleri de katıldı. Şoförler birer birer, hiç bir laf etmeden, mesailerini bırakıp, gittikçe büyüyen firari alayına katıldı. Edinilen bilgilere göre, bir taksi şoförü bile arabasından fırlamış, anlaşılmaz bir şeyler haykırarak onlara eşlik etmeye çalışmış. Ancak 49Y'nin şoförü adamı durdurup yumruklayarak yere çalmış.

Yolcuların tepkileriyse birbirini tutmuyordu: Beklenildiği üzere, pek çoğu olay neticesinde işe geç kalmaktan mustaripti. Ortaya çıkan öfkenin boyutları yalnızca otobüs yolcularıyla sınırlı kalmadı. En çok göze çarpan vaka, bindiği taksi terk edilmiş iki

The passengers' reactions were mixed: unsurprisingly, many were angry upon showing up late at work as the result of the incident. The outrage, in fact extended beyond the passengers. The most noteworthy example is Amer, who missed his flight because his taxi was stranded behind two abandoned buses, trapping his vehicle. Interestingly, in an astonishing twist of events, the plane he was supposed to take - crashed, killing all aboard. However, Amer is far from being relieved, as he now suffers from crippling anxiety. Unable to leave his house, he says he is awaiting a form of gruesome death, having cheated his inevitable demise by missing the flight "I've seen all the Final Destination movies", he explains.

However the drivers' action did not elicit only negative reactions. A number of passengers applauded and cheered the drivers as they were leaving. "I mean, the bus was clearly never moving anyway, it made little difference for me whether the driver stayed or left", said Mehmet, shrugging. "So when he left I was glad for him. Wherever he's gone, I hope he's happy".

For another passenger – Ismet, the happening turned out to be profoundly life-changing: "Seeing the guy walk out like that, in the middle of the traffic was really moving. It made me reflect on my life and reconsider my own shitty job. And talk about dramatic exit! So inspiring."

Shortly after Ismet quit his job by jumping out of his office window to land on a mattress-padded truck waiting outside, causing some of his co-workers to faint and the company to sue him for public misconduct. "Worth it", was his only comment in the court.

The most baffling part of this story, however, is the unknown whereabouts of the drivers, whom all seem to have disappeared into thin air. Where all of them have fled remains a mystery. After walking away from the traffic, the last time the 12 of them were spotted was at the nearest train station. They seem to have vanished off the face of the earth after that.

"We have alerted the police in other cities," said the police representative, "the drivers' families have all filed missing person

otobüsün arkasında hapsolduğu için uçağını kaçıran Amer'in başına gelenlerdi. Kaderin dudak uçuklatan bir cilvesiyle, o gün kaçırdığı uçak düştü; kazadan sağ çıkan olmadı. Ne var ki Amer, içi rahatlamak şöyle dursun, hayatını felç eden bir endişeye tutuldu. Evinden dışarı adım atamayan Amer, uçağı kaçırıp kefeni yırtarak kaçınılmaz sonunu, bu yüzden dehşetengiz bir şekilde ölmeyi beklediğini söyledi ve içinde bulunduğu durumu "Son Durak filmlerinin hepsini izledim." diyerek izah etti.

Öte yandan, şoförlerin bu hareketi yalnızca olumsuz tepkilere yol açmadı. Çok sayıda yolcu, otobüslerden inip giderken şoförlere alkış tuttu, tezahürat yaptı. "Yani otobüsün asla kımıldamayacağı zaten belliydi; şoför içerde kalmış, gitmiş umurumda değildi zaten," dedi Mehmet omuzlarını silkerek. "O yüzden otobüsü terk ettiğinde onun adına sevindim. Her neredeyse umarım mutludur."

Bir başka yolcu İsmet'in ise hayatı bu olay sayesinde kökten değişti: "Adamın trafiğin göbeğinde öyle çekip gittiğini izlemek gerçekten dokunaklıydı. Beni kendi hayatım üzerine düşünmeye, boktan işimi tekrar gözden geçirmeye sevk etti. Teatral bir veda örneğiydi! Son derece ilham vericiydi."

Kısa bir süre sonra, ofis penceresinden atlayarak işinden ayrılan İsmet içi yatak dolu bir kamyonun üzerine düştü, bunu gören kimi iş arkadaşları baygınlık geçirirken, çalıştığı şirket kamusal alanda görevi kötüye kullanmaktan kendisine dava açtı. Mahkemede ifade veren İsmet'in söylediği tek söz: "Yaptığıma değdi." oldu.

Hadisenin akılları en çok kurcalayan boyutu ise, sanki buhar olup uçan şoförlerin nerede olduğunun bilinmeyişi. Hepsi birden nereye kaçtı, hala muamma. Trafikten uzaklaşan on iki şoför en son, en yakın tren istasyonunda birlikte görülmüş. Bu andan itibaren sanki yeryüzünden silinip gittiler.

"Civar kentlerdeki emniyet güçlerini harekete geçirdik," diyen emniyet yetkilisi şöyle devam etti, "şoför ailelerinin tamamı kayıp kişi ilanı verdi. Ancak ülkeyi hep beraber terk etmiş olabilecekleri de ihtimal dahilinde."

Nereye? Neden? gibi sorular yanıtsız kalmaya devam ediyor. Emniyet, şoförlerin olası terör bağlantılarını da inceledi. Olayın

reports. However, it is possible that they could have left the country altogether."

To where? Why? The questions remain unanswered. The police have examined the possibility of the drivers link with terrorism. On the day of the incident, one of the driverless buses was hijacked by a terrorist group members who happened to be present at the scene. The bus is now rumoured to be held hostage on the southern border. Initially, this gave rise to the possibility that the drivers could be complicit, but thorough background-checks quickly cleared them of suspicion. The bus company vouched that all the drivers were exemplary citizens and employees. "They were all great guys", said Ahmet, the public relations representative of the company, "they always showed up at work on time, drove diligently. They never even asked for a raise, as far as we know never joined any protests. Sure, sometimes they complained about the traffic jams, but that can't be the reason for such a dramatic exit, can it? We're still looking into the matter."

The drivers' family members confirmed that there had been nothing unusual about the men's behavior before the incident. "He loved his job", said Elif, one of the driver's wife, "often talked about how you can never drive down the same road twice or something."

Incidentally, in the last few days there have been reports of what seems to be a newly founded patriarchal settlement appearing in a rural seaside region in the west, on top of a cliffy mountain overlooking the sea. It is speculated that the settlement may consist of the deserter bus drivers that disappeared on the 19th of October.

The rumour, however, is unverifiable, since the place cannot be accessed by public transport and can only be reached by cliff- climbing mules through the narrow path to the top of the mountain. So far no journalists have yet expressed willingness to take on the task and the risk of contacting the unknown settlement. A group of cultural anthropologists are reported to be initiating an attempt to establish contact.

yaşandığı gün, şoförsüz kalan otobüslerden biri, tesadüf eseri olay mahallinde bulunan terör örgütü mensuplarınca kaçırıldı. Kaçırılan otobüsün ülkenin güney sınırında rehin tutulduğu rivayet ediliyor. İlkin şoförlerin bu suça iştiraki ihtimali doğsa da, sabıka kayıtları sorgulandıktan sonra bu yöndeki kuşkular derhal ortadan kalktı. Açıklamalarda bulunan otobüs şirketi ise, tüm şoförlerin örnek vatandaşlar ve çalışanlar olduğunu savundu. Şirketin halkla ilişkiler temsilcisi Ahmet şu ifadelere yer verdi: "Hepsi muhteşem insanlardı, işe daima tam zamanında varır, araçları özveriyle sürerlerdi. Bugüne dek zam talebinde bile bulunmadılar, bildiğimiz kadarıyla hiçbir gösteriye de katılmadılar. Elbette kimi zaman trafik sıkışıklığından yakınırlardı, ama bu böyle teatral bir kaçışa gerekçe olabilir mi? Olaya dair incelemelerimiz devam ediyor."

Şoför aileleri ise yaşanan bu hadise evvelinde şoförlerin davranışlarında bir tuhaflık olmadığını ifade etti. Şoförlerin birinin hanımı Elif, "İşini seviyordu, aynı yoldan iki kez asla geçilmez mi ne, öyle bir şey diyordu sık sık."

Tesadüf bu ya, son günlerde ülkenin batısında kırsal bir deniz kenarında, denize nazır sarp bir kayalığın tepesinde yeni bir ataerkil cemiyetin mesken tuttuğuna dair haberler çıktı. Bu cemiyetin 19 Ekim'de ortalıktan kaybolan firari şoförlerden oluştuğuna dair söylentiler yayıldı.

Ne var ki, toplu taşımayla erişimin mümkün olmadığı bu kayalığın zirvesine yalnızca uçurumları tırmanabilen katırlarla dar geçitlerden geçerek varılabildiğinden, ilgili rivayetin doğruluğu ispatlanamıyor. Şimdiye dek hiçbir gazeteci, böyle bir vazife üstlenip bilinmedik bu cemiyetle temasa girme riskini göze almadı. Bir grup antropoloğun ise buradaki yerleşimle irtibat kurmak için harekete geçtiği söyleniyor.

Cemiyetin küçük unlu mamullerle geçim sağladığı düşünülüyor. Birkaç günde bir, adamlardan biri ikisi dağın eteğindeki civar köye inerek taze simit satıyor. Ancak bu adamlar asla fotoğraflarının çekilmesine izin vermiyor ve kendileri hakkında konuşmayı reddediyor. Haliyle bu durum yerli halkı giderek rahatsız ediyor.

The settlement's economy seems to be relying on a small baked goods business – once every few days a couple of men descend the mountain to sell freshly baked *simits* to the local village located at the foot of the mountain. However, the men flat-out refuse to be photographed or to speak about themselves, which, in turn, fuels the growing discomfort among the locals.

"We're certainly very fond of their *simits*", said Uras – a local villager, "they make them so good, you can tell they've huge experience. So they're not unwelcome here, but they're a weird bunch for sure – not talking much, riding around their mules. Sometimes they act completely savagely, like whenever they see a car or a vehicle in the village, they start hissing and flinging *simits* at them. Once I caught one of them sobbing as he was hugging his mule. He kept repeating that it could never replace his true love or his true calling - I'm not sure. Their speech is unintelligible, as usually they communicate through strange grunts and shrugs. Actually, we won't be seeing them for a while now, due to the heavy snowfall. The mountain path is jammed with snow, so those guys are stuck up there for who knows how long."

Anna is an anthropologist from Tbilisi, Georgia and this is her debut in creative writing.

Köy ahalisinden Uras konuyla ilgili şu ifadelere yer verdi, "Simitlerini elbette çok beğeniyoruz, lezzetinden anlıyorsunuz pişirenlerin bir hayli tecrübeli olduğunu. O yüzden burada istenmemeleri söz konusu değil, ama biraz acayip insanlar tabi, pek konuşmazlar, katırlarına binip gezerler. Bazen çok yabani davranışları oluyor, mesela köyde ne zaman bir otomobil ya da başka bir araç görseler, yuhalayıp simit fırlatıyorlar. Bir gün içlerinden birini katırına sarılıp ağlarken gördüm. Gerçek aşkının mı, gerçek tutkusunun mu ne, orasını tam anlamadım, asla yerini dolduramazmış katır. Konuştukları dilden bir şey anlamıyoruz, tuhaf hırıltılar çıkararak, omuz silkerek iletişim kuruyorlar genelde. Aslında yoğun kar yağışı sebebiyle bir süre onları tekrar göremeyeceğiz. Dağa giden yol karla kaplandı, o yüzden bu adamlar kim bilir ne kadar orada mahsur kalmış durumdalar."

Bu öykü, Gürcistan'ın Tiflis şehrinde yaşayan antropolog Anna'nın yaratıcı yazarlığa dair ilk deneyimi.

THE IRFANOPHOBIC VERSES

By Liam Murray

A Metro always packed-up tight
Zam again on Winston Lights
Arabesk throughout the night
How happy I am to be Turk

Midiye fills the belly
There's really fuck-all that's on telly
Rakı, however, makes one merry
How happy I am to be Turk

The new I-phones are the best
At least that's what the paper says
Haydi, taksitle öderiz!
How happy I am to be Turk

Cem Yılmaz cracks a corker
Homes are more than bricks and mortar,
So grab an ev sahibi's daughter
How happy I am to be Turk

Entel magangas tell me that
Books are great for facebook snaps
Can Yücel could swear by that
How happy I am to be Turk

İRFANOFOBİK MISRALAR

Liam Murray
Çeviri: Elif Koç

Metro her daim balık istifi
Winston Light'a yine zam geldi
Gece bitmez arabesk
Ne mutlu Türk'üm diyene!

Midemizde midyeler
Televizyonda boş nağmeler
Rakı içenin yüzü güler
Ne mutlu Türk'üm diyene!

Yeni i-Phone hepsini döver
Öyle yazıyor gazeteler
Şimdi alır taksitle öderiz
Ne mutlu Türk'üm diyene!

Cem Yılmaz patlatır espriyi ama
Evi dört duvardan ibaret sanma
Ev alma, ev sahibinin kızını al
Ne mutlu Türk'üm diyene!

Der ki entel maganda
Kitaplı foto çok fiyakalıdır
Can Yücel'e sormalı
Ne mutlu Türk'üm diyene!

Flags are free and soldiers drafted,
Water's one lira but that's expected
Exam? Just copy - no-one'll check it!
How happy I am to be Turk

Kapalı Çarşı's full of tat
Take a wallet, they'll empty that
Like selling sand to Araps
How Happy I am to be Turk

Revolutionaries who want it all
To revert to a standard form
All rich and powerful dream of more
How Happy I am to be Turk

The girls might look all Nişantaşı
But there's something to be said for Tarlabaşı
Both extremes will crash down on you
How happy I am to be Turk

This is my ikamet tezgerisi
A pledge of allegiance for all to see
Wait and I'll get the mühürlü copy
How happy I am to be Turk

Liam Murray is a freelance translator by trade, who has lived in Turkey for the best part of eight years and has lived, worked, and studied in everywhere from Adıyaman to İzmir. After stints writing for Time Out, Yabangee, and other foreigner-geared media outlets, he has decided to concentrate his writing on personal prose, poetry, polemics and the textual portrayal of an ever-encroaching mid-life crisis in which his punk roots observe him with a heavy eye.

Bayrak gönderde, gençler askerde
Su bir lira ama, olur öyle
Sınavda kopya çek, kim bilecek?
Ne mutlu Türk'üm diyene!

Kapalı Çarşı şarlatan dolu
Cüzdanın varsa boşaltır onu
Tereciye tere satar gibi
Ne mutlu Türk'üm diyene!

Devrimciler söylenir durur
Nerede o eski Türkiye!
Para varsa huzur var
Ne mutlu Türk'üm diyene!

Kızlar uzaktan Nişantaşı
Biraz konuşunca Tarlabaşı
Tezatların savaşı
Ne mutlu Türk'üm diyene!

Al, ikamet teskeresi
Bağlılığının göstergesi
Bu da mühürlü belgesi
Ne mutlu Türk'üm diyene!

Serbest çevirmen Liam Murray aşağı yukarı sekiz yıl Adıyaman'dan İzmir'e Türkiye'nin pek çok yerinde yaşadı, çalıştı ve eğitim gördü. Time Out, Yabangee ve yabancıların üstlendiği diğer medya kuruluşlarında makaleler kaleme alan Murray artık kişisel düzyazı, şiir, polemik ve punk geçmişinin keskin bakışları altında, gittikçe üzerine kapaklanan orta yaş krizine dair metinler yazmaya karar verdi.

THE LOST AZIMECH

By Muhammed Taha Inan

The day had finally come; as promised, Ibrahim was going camping with his father on his eleventh birthday. Even though he had barely slept that night, the following morning, instead of breakfast, the scent of spring mixed with excitement was what woke him up. In such an ardent rush, kissing his father.

"*Baba, Baba* we're late, *Hadi*! Wake up,"

Pulling the blanket over my head, he said with a listless voice."Ibrahim its 7.00 o'clock, give me an hour more, *Lütfen*."

"But *Baba*, mom is already up and you . . ."

"But mama isn't going to drive *Canım*," Taruh continued but the young fellow was already convinced.

Frenetically, but in a serious manner, he said, "*Tamam*, but only an hour Dad, or we will be late!" hopping off downstairs to his cooking mother.

Every spring Taruh would flee from Istanbul with his friends to fathom the riddles of the deep universe. He believed that the mystery above the sky was the key to the secrets that lay behind creation. Understanding outer space meant understanding the self. Self genesis, he called it.

"Those who moor for themselves today are those who sail for others tomorrow."

Life meant more than earning a living; he saw how other parents raised their children to become slaves. Taruh was a Muslim. He believed in existentialism, but as a man made artefact. As Omar Khayyam put it:"I am Heaven and Hell," and for him too, it was all in the soul of the self to choose either misery or prosperity.

Ibrahim's eagerness increased more and more as they were having breakfast.

KAYIP AZİMECH

Muhammed Taha İnan
Çeviri: Merve Pehlivan

Nihayet beklenen gün gelip çatmıştı. İbrahim söz verildiği üzere on birinci yaş gününde babasıyla kamp yapacaktı. Gece gözüne neredeyse hiç uyku girmemesine rağmen, ertesi sabah onu uyandıran şey kahvaltı değil, baharın kokusuna karışan heyecanıydı. İbrahim hevesle fırladı, babasını öpmeye gitti.

"Baba, baba, geç kaldık, hadi! Kalk."

Umursamaz bir sesle yorganı başına çeken babası:

"İbrahim saat daha yedi, bir saat daha müsaade et, lütfen."

"Ama baba, annem çoktan kalktı ama sen hala..."

"Anneciğin kullanmayacak arabayı canım," diye ekledi Taruh, ama ufaklık dünden hazırdı.

Telaşlı ama ciddi bir edayla, "Tamam, ama sadece bir saat baba. Yoksa geç kalırız!" dedi İbrahim ve sekerek aşağı kata, kahvaltı hazırlayan annesinin yanına indi.

Taruh her ilkbaharda arkadaşlarıyla birlikte İstanbul'dan kaçıp koca evrenin bilmecelerini çözmeye çalışırdı. Yaradılış gizeminin anahtarı, semanın esrarındaydı ona göre. Fezayı anlamak demek, insanın kendini anlaması demekti. Özün doğuşu diyordu buna.

"Bugün kendi için demir atanlar, yarın başkaları için denize açılacak olanlardır."

Hayat yalnızca para kazanmaktan ibaret değildi; etrafındaki kimi anne babalar çocuklarını büyüyüp köle olsunlar diye yetiştiriyordu. Taruh Müslümandı ama insan işi bir olgu olduğunu kabul etse de varoluşçuluğa inanırdı. Ömer Hayyam'ın dediği gibi: "Cennet de, cehennem de senin içindeydi." Taruh da sefaletin veya refahın kişinin ruhuna ait bir tercih olduğuna inanırdı.

Kahvaltı esnasında İbrahim'in hevesi iyice arttı.

"Baba when my sister comes, will we take her too?"

"Of course, *Oğlum*, when she's just about your age."

"Is that why *Anne* isn't coming?"

"Because what, *Oğlum*?"

"Baba if *Anne* comes, her tummy comes.If her tummy comes, sister comes too, and she's not grown up yet. Is that why?"

Emile and Taruh both smiled at their son. They were both content with Ibrahim's innocent perspective. They called him their *Aşk Meyvesi,* for Ibrahim truly was a fruit of their deep mutual love, the sweet red apple of their eyes.

The time had come to hit the road. Emile kissed her son, expressing how proud she was. While Ibrahim was getting everything in the car, she hugged her husband and kindly asked him to go easy on their child.

He kissed her on the forehead and reassured her,"Be at ease, he'll be fine. Kids have broad imaginations.They tend to be curious about life more than us.It's common."

"I know, but I'm worried. Please take care of him..."

"I will *Aşkım* don't worry..."

Taruh hugged and kissed her forehead again. "*Allahaısmarladık*, see you in two days."

Of course Ibrahim asked his father millions of questions along the trip. Taruh wasn't bothered at all. In fact, he was even pleased. They talked about the solar system and star types they would see. Ibrahim was surprised when his father mentioned that stars had a life span just like human beings. "*Baba*, who buries them when they die then?"

"Nobody, they blow up as a supernova and either become a new star or a black hole."

"Black holes are bad, right *Baba*?" It was an important question and even an expert like Taruh could get outmanoeuvred by a child.

“Baba, kardeşim geldiğinde onu da götürecek miyiz?”

“Elbette oğlum, senin yaşına geldiğinde götüreceğiz.”

“Anne bu yüzden mi gelmiyor bizimle?”

“Ne yüzden oğlum?”

“Baba, anne gelirse, karnı da gelir onunla beraber. Karnı gelirse, kardeşim de gelir, ama kardeşim daha büyümedi ki. Bu yüzden mi yani?”

Emile ile Taruh tebessüm etti. İbrahim'in masum yorumu hoşlarına gitmişti. Ona aşk meyvesi derlerdi, zira İbrahim hakikaten birbirlerine duydukları derin aşkın meyvesi, gözbebeğiydi.

Yola çıkma vakti geldi. Emile oğlunu öptü, onunla ne kadar gurur duyduğunu söyledi. İbrahim ne kadar eşya varsa arabaya yüklediği esnada, kadın kocasına sarıldı. Yumuşak bir dille, huyuna git dedi, çocuğu kast ederek.

Taruh eşini alnından öptü, yatıştırdı. “İçini ferah tut, bir şey olmaz. Çocukların hayal gücü geniştir. Genelde bizden daha fazla merak duyarlar hayata dair.”

“Doğru, ama endişeleniyorum. Lütfen göz kulak ol ona...”

“Olacağım aşkım, merak etme...”

Taruh eşini kucakladı ve alnına bir öpücük daha kondurdu. “Allahaısmarladık, iki gün sonra görüşürüz.”

İbrahim elbette yolda babasına sayısız soru sordu. Taruh'un canı hiç sıkılmadı bu işe, bilakis memnuniyet duydu. Güneş sisteminden ve görecekleri yıldız türlerinden bahsettiler. Babası yıldızların da tıpkı insanlar gibi ömrü olduğunu söyleyince şaşırdı İbrahim.

“Ölünce onları kim gömüyor öyleyse baba?”

“Hiç kimse. Ya süpernova patlaması oluyor, ya yeni bir yıldıza ya da kara deliğe dönüşüyorlar.”

“Kara delikler kötü değil mi baba?” Önemli bir soruydu bu. Taruh gibi bir uzman bile bir çocuk tarafından böyle köşeye sıkıştırılabilirdi.

"I'm not sure son, it depends. That's why we're here, to get an answer for our questions." He replied and changed the discussion to the planets but it didn't draw Ibrahim's attention as much as the previous topic.

After six hours, at around three p.m. they were finally twelve hundred metres above the sea level at Sülüklü Lake. Ibrahim was amazed at the sight, maybe because it was his first time witnessing such a beautiful habitat or maybe just because it was really incredible. Butterflies, dragonflies, crickets, frogs and squirrels all around were celebrating the elegance of spring. He felt a pleasant pain through his nostrils all the way through his lungs while inhaling the fresh oxygen offered by nature. Enclosed by mountains and forests, the lake was crystal blue at the banks and changed from turquoise to green towards the centre.

"Baba, why are there long logs stuck up in the lake?"

"There not logs, those are trees son."

"How is that, they don't have branches?"

"It's because this lake was formed three hundred years ago by an avalanche. Afterwards, the water around the mountains rushed into this area and gathered forming this natural lake."

Astonishingly, the only thing Ibrahim could say was, "Wow."

"The avalanche's mark can still be seen, just across the lake."

After a few minutes of silence Taruh continued, "Do you know there use to be many leeches here, that's why they call it Sülüklü Lake."

"Where are they now?"

"Well our smart fishermen came up with a magnificent idea of raising salmon in the lake. Eventually the salmon ate the leeches."

"So there aren't any leeches *Baba*?"

"Nope, thanks to humankind, they're extinct here."

"Emin değilim oğlum, duruma göre değişir. Bu yüzden buraya geldik zaten, sorularımıza cevap bulmak için." diye ekleyip lafı gezegenlere getirdi Taruh, ama İbrahim'in dikkatini bir önceki konu kadar çekemedi.

Altı saat sonra, ikindi vakti saat üç civarında nihayet deniz seviyesinin bin iki yüz metre üzerine çıkmış ve Sülüklü Göl'e varmışlardı. İbrahim manzaraya hayran kaldı, belki ilk kez böyle enfes bir doğaya rastladığından, belki de gördüğü şeylerin hakikaten eşsiz güzelliğinden. Etrafta cirit atan kelebekler, yusufçuklar, cırcırböcekleri, kurbağalar ve sincaplar baharın zarafetini kutluyorlardı. Burnundan aldığı nefes ciğerlerine dolarken hoş bir sızı duydu, doğanın ikramı taptaze oksijeni içine çekti. Dağlarla ve ormanlarla çevrili gölün kenarları kristal maviydi, ortasına doğru ise turkuaz ve yeşile çalıyordu.

"Baba, gölün ortasında niye böyle uzun kütükler var?"

"Kütük değil, ağaç onlar oğlum."

"Ama nasıl olur, dalları yok?"

"Bu göl üç yüz yıl kadar önce düşen bir çığ sonucu oluşmuş. Dağların etrafındaki sular aşağı doğru hızla akıp bu doğal gölü meydana getirmiş."

Hayretler içinde kalan İbrahim'in ağzından çıkan tek şey, "Vay be." oldu.

"Çığın izleri hala duruyor gölün öteki tarafında."

Birkaç dakika sessizliğin ardından Taruh devam etti, "Vaktiyle bir sürü sülük varmış burada, o yüzden Sülüklü Göl demişler zaten."

"Peki şimdi nerede sülükler?"

"Akıllı geçinen balıkçılarımız gölde somon balığı yetiştirme gibi şahane bir fikir atmışlar ortaya. Zamanla somonlar sülükleri yemiş."

"Yani hiç sülük kalmamış öyle mi baba?"

"Hayır, insanoğlu sağ olsun, buradaki sülüklerin nesli tükenmiş."

It was true. Humans did bring corruption along with themselves where ever they went. Ibrahim wondered how humans became monsters as such. He thought of this while setting up the tent with his father, gathering wood for the fire and even when he was taking a nap.

When he woke up, darkness had already descended upon them. Taruh was by the fire barbecuing hotdogs while Ibrahim was frozen with astonishment. Surrounded by millions of twinkling stars and planets, the little child with his head up was almost about to lose his eyes. Those eyes in return sparkled like a mirror in the sky. The moon was a complete substitute for the sun, illuminating the atmosphere and leaving shadows behind its subjects. If he could only have wings, nothing would stand in his way.

"*Maşallah Baba*, they're so bright! Why don't they appear like this at home?"

"Well the light in the city blinds us. It is darkness which shows us the beauty of creation."

"It's beyond beauty *Baba*. I wonder what's happening there now."

"Let's take a closer look and see what's happening."

While Taruh was taking out the telescope, Ibrahim's eyes fastened on a star that was flashing simultaneously with his heart beat. He instantly got up and rushed to his father who held out his arm with anxiety and fondness.

"Dad do you see the blue star there, under the moon?"

"Yeah but you know the one above the moon, that's Saturn. Isn't it amazing?"

"It is but Dad tell me more about the blue one, she looks wonderful."

"It's called Spica but the Arabs called it *Azimech*. It's a . . ."

Ibrahim interrupted his father, "*Azimech*, she's lovely and so beautiful, isn't she *Baba*?"

"Yup and *Azimech* means the solitary one. Actually it is solitary in a sense, for its features differ from the others. It's a binary star and is most visible in the spring."

Hakikaten de öyleydi. İnsanoğlu ayak bastığı her yeri yozlaştırıyordu. İnsanların nasıl böyle canavarlara dönüştüğünü merak etti İbrahim. Babasıyla çadır kurarken, ateş yakmak için odun toplarken, şekerleme yaparken bile bunu merak edip durdu.

Uyandığında karanlık üzerlerine çökmüştü bile. Taruh ateşin başında sosisli sandviç közlerken İbrahim şaşkınlıktan donakalmıştı. Parıldayan milyonlarca yıldız ve gezegenin çepeçevre sardığı ufaklık başını yukarı kaldırdı, neredeyse kör olacaktı. Göğe diktiği gözleri de ayna gibi ışıldıyordu. Atmosferi aydınlatan, değdiği ne varsa ardında gölgeler bırakan ay tam manasıyla güneşin yerine geçmişti. Keşke kanatları olsaydı, o zaman onu hiç kimse durduramazdı.

"Maşallah baba, çok parlaklar! Evde neden böyle gözükmüyorlar?"

"Şehrin ışıkları kör ediyor bizi de ondan. Yaradılışın güzelliği yalnızca karanlıkta ortaya çıkıyor."

"Güzelden de öte baba. Acaba orada şimdi neler oluyor?"

"Gel yakından bakıp görelim neler olduğunu."

Taruh teleskobu çıkarırken, kalbinin atışıyla ritim tutarcasına yanıp sönen bir yıldıza takıldı İbrahim'in gözleri. Birdenbire yerinden fırlayıp yanına koştuğu babası kolunu endişe ve şefkatle uzattı ona.

"Baba, ayın altındaki mavi yıldızı gördün mü?"

"Evet gördüm. Üzerindeki de Satürn. Şahane değil mi?"

"Öyle öyle. Ama baba mavi olanı anlat bana biraz, harika gözüküyor."

"Adı Spica ama Araplar ona *Azimech* adını vermiş... O bir . . ."

İbrahim babasının sözünü kesti, "*Azimech,* çok hoş, çok güzelmiş, değil mi baba?"

"Evet. *Azimech* yalnız olan demek. Özellikleri diğerlerinden farklı, o yüzden bir anlamda yalnız aslında. Çift yıldızdır *Azimech*, en iyi bahar aylarında gözükür."

Ibrahim thought it would be better to keep his feelings to himself. What a coincidence it was for a star to shine at the same pace of his heart. The blue tone gave him confidence, its light gave him love and even the name gave him meaning. The solitary one, the untouched, the innocent one; just like himself. All night his father talked about the Ursa Major and Ursa Minor, the Twin constellations. He showed him how to locate the North Star and they even caught a falling star but the little one was already infatuated with *Azimech*. She was his missing half, his own self genesis. That night he had the best sleep of his life unaware of the fact that stars were the leeches whose salmons were the humans themselves.

Ibrahim is woken up by the honking sounds of cars, which he has become accustomed to. As he gets out of the tent, his legs are pulling him back in. His countenance indicates disappointment when he sees his sister's unpromising face. Though he knows her response, with hope against hope he asks persistently for maybe the thousandth time over the years.

"No trace of her again, right Nura?"

"Unfortunately *Abi* . . ." she replies in a sinking tone.

Ibrahim's heart aches as he looks at the Sülüklü Lake. It has nothing to do with what he felt twenty years ago with his father. Now the lake is an artificial one used as a fish farm to breed salmons for the sake of financial interests. As he walks towards the sidewalk, the butterflies, squirrels and birds celebrating spring come into mind. It is a pity to see everything fall for the sake of civilisation. The green forest has been replaced by high buildings. The fresh air that used to burn Ibrahim's nostrils has left itself to toxic fumes. All that he deeply treasured is gone. Both of his parents, Taruh and Emile,have been buried nearby and his love *Azimech* has been lost in the artificial light. She no longer appears in the night, just by the moon. But Ibrahim knows as long as his heart beats, she will be shining concurrently, even though she isn't actually there.

Hislerimi kendime saklasam daha iyi diye düşündü İbrahim. Kalp atışıyla aynı hızda parıldayan bir yıldıza rastlaması ne büyük tesadüftü. Yıldızın mavi tonu ona güven aşıladı, ışığı sevgi, ismi de mana kattı. Yalnız olan, dokunulmamış, masum; tıpkı kendisi gibi. Gece boyunca babası ikiz takımyıldızı büyük ayı ve küçük ayıdan bahsetti. Kutup yıldızını nasıl bulacağını gösterdi, hatta kayan bir yıldız bile gördüler ama ufaklık gönlünü *Azimech*'e kaptırmıştı bile. Kayıp diğer yarısıydı o, özün doğuşu onda saklıydı. O gece ömrünün en güzel uykusuna daldı, yıldızların sülük, somonların da insan olduğu hakikatinden habersizce.

İbrahim, alışageldiği üzere arabaların korna sesiyle uyandı. Çadırdan çıkarken ayakları geri gitti. Kız kardeşinin umut vadetmeyen bakışıyla hayal kırıklığına uğradı. Vereceği cevabı bilmesine rağmen, yıllardır belki de bininci kez ümidini kesmeden, ısrarla sorduğu soruyu yineledi:

"Hala izi yok değil mi Nura?"

"Maalesef abi . . ." diye cevap verdi kardeşi, dermansız bir ses tonuyla.

Sülüklü Göl'e baktığında içi sızladı İbrahim'in. Yirmi yıl önce babasıyla geldiği zaman hissettikleriyle ilgisi yoktu bu sızının. Burası şimdi mali çıkarlarla somon yetiştirmek için balık çiftliği olarak kullanılan yapay bir göle dönüşmüştü. Kaldırıma doğru ilerlerken, baharı kutlarcasına cirit atan kelebekleri, sincapları, kuşları düşündü. Medeniyet uğruna her şeyin mahvolduğunu seyretmek ne acıydı. İbrahim'in genzini yakan o taze havanın yerinde zehirli dumanlar vardı şimdi. Üzerine titrediği her şey yok olmuştu. Annesiyle babası, Taruh ve Emile, yakında bir yerde defnedilmiş, aşkı *Azimech* ise yapay ışıkların arasında kaybolmuştu. Artık geceleri ayın hemen yanı başında belirmiyordu. Ama İbrahim biliyordu ki, kalbi atmaya devam ettikçe, o da aynı ritimle, orada olmasa bile parıldamaya devam edecek.

Muhammed Taha Inan was born in Van, Turkey, in 1993. Due to his father's education, as a family, they travelled to the U.S.A right after his birth. There, he studied until 5th grade and moved to Saudi Arabia in 2004. After losing his father in 2008, he permanently moved back to Turkey with his family until present. He has attended several academic conferences and symposiums on literature in Ege University, Pamukkale University and Karadeniz Technical University. He is currently continuing his education as an English Language and Literature student in Kocaeli University. Meanwhile he is working on a novel about lost identities and also composes poems in both English and Turkish.

Muhammed Taha İnan 1993 yılında Türkiye'nin Van ilinde doğdu; hemen ardından, babasının eğitimi dolayısıyla ailece ABD'ye yerleştiler. Beşinci sınıfa kadar ABD'de kaldıktan sonra 2004 yılında Suudi Arabistan'a taşındı. 2008 yılında babasının vefatı ertesinde ailesiyle birlikte Türkiye'ye kesin dönüş yaptı ve halen burada yaşıyor. Ege Üniversitesi, Pamukkale Üniversitesi ve Karadeniz Teknik Üniversitesi'nde edebiyat üzerine çeşitli akademik konferanslara ve sempozyumlara katıldı. Halihazırda Kocaeli Üniversitesi İngiliz Dili ve Edebiyatı bölümünde okuyor. Kayıp kimlikler hakkındaki romanını yazmaya devam eden İnan, ayrıca İngilizce ve Türkçe şiir kaleme alıyor.

MÜNECCİM

By Luke Frostick

My room is dark. The servants haven't been in yet to draw open the heavy embroidered curtains or throw wide the red shutters carved with acanthus leaves. *So why am I awake?*

Bang, Bang, Bang!

I usually like to be woken naturally. I let the sun gently bring me back into the world. This thumping rousing jars me.

Bang, bang, bang!

They knock again hammering on my door and my nerves. *Why can't they just leave me alone*? I pull the bed sheets up around me so that only my nose pokes out like a dorsal fin.

Bang, bang, bang.

The knocks are sharp and precise. They are authoritarian, hammered out by somebody used to command. Briefly anger cuts through my cowardice. *How dare somebody wake me in this way?* It's not one of my servants. They enter the room by the side door and more importantly they know that I am not to be woken at this hour.

I tremble. *Shameful for a prince*, I think but it doesn't stop the cold sweat from forming on my brow.

Bang, bang, bang.

This could be it. The assassin I've been waiting for. The blood vessels in my temples thump and a headache cuts across my brain.

Bang, bang, bang.

"Prince Kutlu Müneccim Han." *Ahh so my demonic drummer has a voice not just a fist.* "It's I, Murat, your brother Crown Prince Nazim Neme Lazim's servant." At the mention of my brother's name I instinctively reach up and touch the wrecked mess that

MÜNECCİM

Luke Frostick
Çeviri: Merve Pehlivan

Odam karanlık. Hizmetçiler henüz ağır, işlemeli perdeleri açmak ya da ayı pençesi oymalı kırmızı panjurları kaldırmak için gelmemiş. *Öyleyse neden uyandım peki?*

Tak, Tak Tak!

Genelde kendi kendime uyanmayı severim. Beklerim güneş nazikçe beni dünyaya geri getirsin. Böyle tokmak sesleriyle uyanmak kulağımı tırmalıyor.

Tak, Tak, Tak!

Hâlâ kapımı ve sinirlerimi yumrukluyorlar. *Ne diye beni kendi halime bırakmıyorlar ki?* Sırt yüzgeci gibi yalnızca burnumu açıkta bırakacak şekilde nevresimi üzerime çekiyorum.

Tak, Tak, Tak!

Kapıya inen darbeler tiz ve keskin. Emretmeye alışkın birinin elinden çıkma, hükümran darbeler bunlar. Bir anlığına öfkem korkaklığımı delip geçiyor. *Kim beni böyle uyandırmaya cüret edebilir?* Hizmetçilerimden biri değil. Onlar yan taraftaki kapıdan girer; daha da önemlisi, bu saatte uyandırılmamam gerektiğini bilirler.

Titriyorum. *Bir şehzade için utanç verici,* diye geçiyor içimden ama bu kaşımın üzerinde beliren soğuk terleri durdurmaya yetmiyor.

Tak, Tak, Tak!

Belki de o. Beklediğim katil. Şakaklarımda damarlar küt küt atıyor, başımın tam ortasına bir ağrı iniyor.

Tak, tak, tak.

"Şehzade Kutlu Müneccim Han." *Ah, demek uğursuz kapı tokmakçımın sadece yumruğu değil, sesi de var.* "Benim, Murat, kardeşiniz Veliaht Nazım Neme Lazım'ın hizmetçisi." Kardeşimin ismini duyar duymaz vaktiyle sol gözümün olduğu döküntüye

once was my left eye. "Please open the door gracious prince. Your servants will not unlock it."

Gingerly I get out of bed trying to make as little noise as possible. I slip on my green silk robe and black slippers both with delicate patterns of sliver thread running through them.

I sneak across the bedroom. My slippered feet barely touch the geometric patterns of black and white tiles beneath them. This room used to be an observatory. The decoration was kept relatively simple to avoid distracting my grandfather's astronomers. I had it made it my own personal apartment within my sanctum. It has one of the best views of the stars and that's important for my work.

Somehow I've made it across the dark room without tripping on a chart, a pile of papers or labyrinthine piece of brass stargazing equipment.

I keep the heavy iron key in the lock. It's more symbolic than practical. The servants' door is always kept open. I turn the key, the door unlocks with an ominous clunk and I open it a crack. *Will this be it? The door opens and I take a scimitar to the gut? A dagger in the eye? That would have a certain irony.* I close my eye and open the door fully.

Chaos spills into my quiet room. Four servants charge in. Two eunuchs rush round the room opening up the windows at record speed. Two of my handmaidens bustle round me. One grabs the hems of my robe and draws them across my waist while the other ties it shut with a long cotton belt. With the gown tied, one of the women ducks down to rearrange my slippers and the other goes up onto exaggerated tiptoes to tie a silk sash round the milky white grape I used to call an eye.

The eunuchs finish their work and the morning light works its way into the room accompanied by the sea breeze and the harsh challenges of the gulls.

Murat, my brother's servant, bows deep before me. He's handsome with a neat military haircut and a fashionable moustache. He's dressed in the purple uniform of the Lilac Officers, the servants in charge of the new palace by the sea, built to show that we too can build on the scale of the new empires across the sea.

gidiyor elim. "Merhametli şehzadem, lütfen kapınızı açın, hizmetçileriniz kilidi açmıyor."

Olabildiğince az gürültü çıkarmaya çalışarak, ihtiyatla yataktan kalkıyorum. Gümüş iplik işlemeli, yeşil ipek kaftanımı ve siyah terliklerimi giyiyorum.

Odanın karşı tarafına geçiyorum usulca. Ayağımdaki terlikler yerdeki siyah beyaz karolara çok hafif dokunuyor. Bu oda eskiden bir rasathaneydi. Büyükbabamın müneccimlerinin dikkati dağılmasın diye süslemeler nispeten sade bırakıldı. Kendi haremim içinde şahsi dairem yaptım burayı. En güzel yıldız manzaralarından biri burada ve bu, eserim için önem arz ediyor.

Her nasılsa ayağım bir haritaya, kağıt tomarına ya da pirinçten yapma, çapraşık yıldız gözlem aletlerinden birine dolanmadan vardım karanlık odanın diğer ucuna.

Ağır demir anahtarı kilitte tutuyorum. Pratik değil temsili bir anlamı var bu hareketimin. Hizmetçilerin odasının kapısı hep açık durur. Anahtarı çeviririm, insanın keyfini kaçıran bir patırtıyla kilit açılır, ve sonra kapıyı azıcık aralarım. *Her şey buraya kadar mıydı yoksa? Kapı açılacak ve karnımın ortasına bir pala mı saplanacak? Ya da gözüme bir hançer? Alay eder gibi olurdu bu tabi.* Gözümü kapatıp ardına kadar açıyorum kapıyı.

Sessiz sakin odamda bir hengâme kopuyor. Dört hizmetçi hücum ediyor içeri. İki hadım koşturarak, görülmemiş bir hızla pencereleri açıyor. Cariyelerimden ikisi etrafıma üşüşüyor. Biri kaftanımın etek ucunu yakalayıp belimin etrafına doluyor, diğeri de uzun, pamuktan bir kuşağı sıkı sıkıya bağlıyor. Elbisem bağlandıktan sonra, kadınlardan biri hızla öne doğru eğilip terliklerimi düzeltiyor, diğeri de vaktiyle gözüm olan beyazımtırak, üzüm gibi şeyin etrafına ipek kumaş parçası geçirmek için abartılı bir biçimde parmak uçlarının üzerine yükseliyor.

Hadımlar işlerini bitiriyor, deniz esintisi ve martıların boğuşmaları eşliğinde sabah güneşi odaya sızıyor.

Kardeşimin hizmetkarı iki büklüm eğilerek selam veriyor. Muntazam asker kesimi saçları, modaya uygun bıyığıyla yakışıklı biri Murat. Leylak Subayları'nın, yani denizaşırı yeni imparatorlukların sahip olduğu kadar görkemli bir saray dikebileceğimizi göstermek için inşa ettiğimiz deniz kenarındaki yeni sarayın hizmetkarlarının mor üniforması var üzerinde.

I maintain my composure. Or I try to. *He's just a servant.* I try to channel my father's natural majesty, to glare at him like he was nothing. I've seen my father stark naked in his bathhouse silence generals with a well-timed frown. It doesn't work I fear. A single eye just doesn't have the same impact.

"My prince." He speaks like a drill sergeant "I'm sorry for disturbing you. I wouldn't normally even think of interrupting your sleep but I come with an important message."

"Say it then."

"Your brother The Crown Prince Nazim Neme Lazim will pay a visit to you, today."

I resist the urge to reach up and touch my eye. My hand twitches like a boxer's. "When can I expect my brother the crown prince?"

"Today within two hours."

I snap my fingers and two of the servants scamper out of the room to wake up the rest of my sanctum and start preparation.

"Why do I have the honour?" I ask. I try to sound disinterested.

"It's not my place to say my prince."

But you know why, and you want me to know that you know, don't you? Bastard.

"Thank you for your message. You may return to my brother The Crown Price Nazim Neme Lazim and tell him I am expecting him."

"Thank you my prince Kutlu Müneccim Han. He will be most glad."

He stands. Bows again then exits the room. *Rushing back to the new palace. Bastard.*

My strength fails me and I slump into a chair. *This has got to be it. The doom that's been so long in the coming.*

İstifimi bozmuyorum. Ya da bozmamaya çalışıyorum. *O yalnızca bir hizmetkar.* Babamın o yapmacıksız heybetini örnek alıp, ona bir hiçmiş gibi ters ters bakmaya gayret ediyorum. Babamı hamamda anadan doğma haldeyken, tam vaktinde etrafındaki generallere kaşlarını çatıp onları susturduğunu gördüğüm vakidir. Ben aynısını yapınca işe yaramayacak diye düşünüyorum. Tek gözümle aynı hükmü geçiremeyeceğim.

"Şehzadem" diyor, talim çavuşu gibi. "Size rahatsızlık verdiğim için beni mazur görün. Sizi uykunuzdan etmeyi aklımdan bile geçirmezdim ama önemli bir mesaj getirdim size."

"Söyle bakalım."

"Kardeşiniz Veliaht Nazım Neme Lazım bugün sizi ziyaret edecek."

Uzanıp gözüme dokunmamak için kendimi zor tutuyorum. Elim bir boksörün eli gibi seğiriyor. "Ne zaman teşrif edecek veliaht kardeşim?"

"Bugün, iki saat içinde."

Parmaklarımı şıklatıyorum, hizmetkarlardan ikisi haremimin geri kalanını uyandırıp hazırlıklara başlamak için koşturarak odadan çıkıyor.

"Sebeb-i ziyaretlerini öğrenebilir miyim?" diye soruyorum, sanki umursamıyormuşum gibi bir ses tonuyla.

"Söylemek bana düşmez şehzadem."

Biliyorsun sebebini, hem bildiğini bilmemi de istiyorsun değil mi? Piç kurusu.

"Teşekkür ederim mesaj için. Kardeşim Veliaht Nazım Neme Lazım'a onu bekleyeceğimi söyleyebilirsin."

"Teşekkür ederim Kutlu Müneccim Han şehzadem. Son derece memnun olacaktır kendileri."

Dikilip tekrar eğilerek selam verdikten sonra odayı terk ediyor. *Alelacele yeni saraya gidiyor. Piç.*

Takatim kesiliyor, koltuğa yığılıyorum. *Vakit gelmiş olmalı. Ne zamandır beklediğim kör talih.*

I chose The Serpent Buck room to host my brother in. It's one of the grandest rooms in my sanctum. It has curved floor-to-ceiling windows that open up to a view of the sea stretching far away in all directions. The room gets its name from the old imperial mosaic on the floor. A herd of deer stands to the side panicked by a serpent fighting the buck. He has the snake tangled up and bloody in its horns. An old teacher of mine told me that if you looked carefully at the mosaic you could see that the buck has been bitten and will soon die from the venom. When we were children and still living in the same sanctum, my brothers and I searched for hours trying to find the puncture wounds but never had any luck. The mosaic is ancient. By all accounts it was old even when my ancestors took this palace, stormed the city of Bashkent and conquered the empire half a millennium ago.

I have a low table set in the middle of the room between two divans piled high with rich goose feather cushions. The sanctum servants set up a samovar of good Trezont tea on a small cabinet of dark wood studded with mother of pearl. Finally the shutters are thrown open letting the sea wind roll into the chamber mixing with the steam from the samovar.

I instruct the servants to dress me in deep blue robes with white sashes all unadorned but with subtle patterns put into the weave. I put on a new pair of slippers and the servants tie the Büyük Ruby Sash round my face covering my broken eye. After I lost my eye and while my mother still thought that I would rise to the position of Emperor she'd had the legendary stone taken from her tiara and had it attached to a bolt of the finest silk.

Before her death she told me that "One day my son they'll call you The Daemon Eye Emperor." I wear no other jewels out of respect for her.

I sit down on one of the divans and look out at the sea. The palace was built on a rocky acropolis above Bashkent. The waves far below break on the jagged rocks. When my ancestors took the city they sent soldiers free climbing up the rock face trying to get into the palace through these very windows. The soldier poet

Kardeşimi Yılanlı Geyik odasında ağırlamaya karar verdim. Zeminden tavana kavisli pencereleri dört bir yana uçsuz bucaksız bir deniz manzarasına açılan, haremimin en görkemli odalarından birinde yani. Odanın ismi yerdeki imparatorluğa ait eski bir mozaikten geliyor. Erkek geyikle yılan çarpışırken kenarda bir geyik sürüsü telaşla bekliyor. Yılan boynuzlarına dolanmış, kan revan içinde. Vaktiyle bir hocam demişti ki, eğer mozaiğe dikkatlice bakacak olursan geyiğin ısırılmış olduğunu ve çok geçmeden zehirden öleceğini görebilirsin. Çocukken hala bu haremde yaşadığımız vakit, erkek kardeşlerimle saatler boyunca ısırık izlerini arayıp dururduk ama bulamazdık. Mozaik epey eskiden kalma. Rivayete göre, beş yüz yıl önce atalarım bu sarayı ele geçirdikten, Başkent'i kasıp kavurduktan sonra imparatorluğu fethettiği zamanlarda bile eskiymiş.

Odanın ortasında, muhteşem kaz tüyü kırlentlerle kaplı iki divanın arasında alçak bir sehpam var. Haremin hizmetkarları, sedef kakmalı koyu ahşap renkli küçük bir dolap üzerine güzel Trezont çayıyla dolu bir semaver koyuyorlar. Nihayet panjurlar açılıyor ve denizden odaya doğru esen rüzgar semaverin buharına karışıyor.

Hizmetkarlara bana koyu mavi kaftanla, süssüz ama ince desenlerle işlenmiş beyaz kuşak giydirmelerini söylüyorum. Yeni bir çift terlik geçiriyorum ayağıma, hizmetkarlar da Büyük Yakut Kuşağı yüzüme, sakat gözümün etrafına doluyor. Gözümü kaybettikten sonra, annem hala İmparatorluğa yükseleceğimi düşünürken, tacındaki efsanevi mücevheri çıkartıp bir top en kaliteli ipeğe işletmişti.

Ölmeden önce ise, "Günün birinde sana İblis Gözlü İmparator diyecekler oğlum" dedi. Anneme hürmeten başka hiçbir mücevher takmıyorum.

Divana oturup denizi seyre dalıyorum. Saray Başkent'in yukarısında kayalık bir akropolün üzerine inşa edilmiş. Çok aşağıda dalgalar sivri kayalara çarpıyor. Atalarım şehri ele geçirdikten sonra askerlerini sarp kayalıkları tırmanmaya göndermiş, onlar da bu pencerelerden içeri saraya girmeye çalışmış. Asker şair Cenk 'Böcek Savaşçıların Tırmanışı' destanında, kendileri uçurumları tırmanırken yoldaşlarının aşağıdaki kayalıklara, köpüren dalgalara düşüşünü dizleyen askerlerin ne denli cesur olduklarını, zırhlarının nasıl parıldadığını anlatır.

Cenk wrote the epic poem 'The Climb of The Insect Warriors' referring to the glint of their armour and their bravery as they climbed the cliffs, watching their comrades drop to the rocks and surf below.

I look down on the city and try to regain control of my breathing.

My brother's herald announces his arrival to my chief eunuch who opens the door for him with the four ceremonial keys. The same doors that will never be opened for me are flung open at my brother's command I try to not think about the freedom that could have been mine.

He is then escorted through the narrow network of outdoor corridors; small, tiled honeycomb rooms and shady courtyards that make up my sanctum.

I try to think of something to say to him. But my mind comes up short. I can't think of anything he'd want to say to me. *Except to announce my death sentence that is.*

He comes into the serpent buck room without the regal flourish that I was expecting. He almost looks a little shy as he walks across the mosaic. His slippers make almost no sound, quieter even than the waves breaking on the rocks far below. He still looks relatively young. His deep brown eyes still gaze out curiously from under a curtain of dark brown hair.

I think I expected him to look more like father, for his soft round features to have hardened, for the pressure of rule to have solidified on his brow and in the line of his eyes. But it hasn't. He still looks young. The wispy moustache he's trying to cultivate makes him look even more childish and sweet.

"Crown Prince Nazim Neme Lazim" I say in greeting, "it's an honour to host you this morning."

"Older brother Kutlu Müneccim Han it is generous beyond words for you to host me at this time. So unexpected."

"It's nothing. The pleasure is all mine." We kiss each other on the cheek. He does it tenderly almost like a woman or a shy child. The way we used to kiss father when he returned from campaign. "Please sit." I wave him towards the sofa.

Şehre tepeden bakıyorum ve nefesime tekrar hakim olmaya çalışıyorum.

Elçisi, kardeşimin geldiğini baş haremağama bildiriyor, o da dört resmi anahtarla kapıyı kardeşime açıyor. Bana asla açılmayacak kapılar kardeşimin emriyle ardına kadar açılıyor. "Bu özgürlük bana ait olabilirdi" fikrini zihnimden kovmaya çalışıyorum.

Ardından muhafızlar eşliğinde dar, dış koridorlardan yürüyen kardeşim, haremimin küçük, bal peteği döşemeli odalarından, gölgeli avlularından geçiyor.

Ona söyleyecek bir şey bulmaya çalışıyorum, ama zihnim buna elvermiyor. Bana ne söyleyebileceğini tahmin edemiyorum. *İdam hükmümü beyan etmek haricinde.*

Yılanlı geyik odasına geliyor gelmesine ama, umduğum gibi krallara layık bir şatafatla değil. Mozaiğin üzerinde yürürken neredeyse biraz mahcup gözüküyor. Terlikleri çıt çıkarmıyor adeta, ta aşağıda kayalara çarpan dalgalardan bile sessiz. Hala nispeten genç duruyor. Koyu kahverengi perçeminin altında derin kahverengi gözleri hala merakla bakıyor.

Babama daha çok benzeyeceğini tahmin etmiştim sanırım; yumuşak, yuvarlak yüz hatları sertleşmiş; saltanat baskısı kaşında, göz kenarlarında katılaşmış. Ama öyle olmamış. Hala genç gözüküyor. Hala uzatmaya çalıştığı bir tutam bıyık onu daha da çocuksu, tatlı kılıyor.

"Veliaht Nazım Neme Lazım" diyerek selamlıyorum, "sizi bu sabah ağırlamak benim için bir şeref."

"Abim Kutlu Müneccim Han, bu vakitte beni ağırlamanız tarifsiz bir cömertlik. Davetsiz geldim."

"Hiç dert değil. Benim için memnuniyet." Yanaktan öpüşüyoruz, âdeta bir kadın ya da utangaç bir çocuk gibi nazikçe öpüyor beni. Seferden döndüğünde babamızı öptüğümüz gibi. "Lütfen otur." Koltuğa geçmesi için işaret ediyorum.

Bana teşekkür ediyor, kaftanını dizlerinin altına alıp koltuğa uzanıyor. Koyu bir imparator yeşiline bürünmüş. İnci işlemeli kemeri, topuzu koca bir zümrütten küçük bir hançeri var.

He thanks me, then tucks his robes up around his knees and lies down on the sofa. He is clad in deep imperial green. His belt is studded with pearls and he has a small dagger with a large emerald forming the pommel.

He politely enquires about the health of my sister Mualla Cemile Efsunlu. My sister, his half sister. I tell him that she is well and will come to visit me soon. We talk about music and he asks about my harp playing, then admits that he doesn't have much time to practice the drum anymore.

"Is new palace comfortable enough for you?" I ask.

He has the grace to look guilty. "It's nice. The rooms are huge. We have imported master craftsmen from the new empires across the sea; the same men of renown that built the palaces for their monarchies and republics. Our father, The Emperor, says that if we are to impress them let them know that we are still one of the great powers in the world, then we must have rooms as grand as theirs. That we have rooms as grand as theirs." He pauses looking at me trying to gauge my reaction. I give him nothing. "It doesn't have a view like this though." He says nodding towards the open windows.

"No. I suppose it wouldn't." I reply.

He takes another look out the window then jumps up. "Ah" he exclaims, "I'd forgotten the ships from above." He smiles. "Like gulls."

"We get more steam ships than sailing boats these days."

He doesn't hear me. Caught up in his memories, he says: "Do you remember? We use to sit here and watch them for hours. Whenever we didn't know the flags we would ask old Alp. We used to have such a good time before …" he is dragged out of the past by the present.

Before our brother Metruk Vahit Can put my eye out. Before he tried to kill me with a toy scimitar. That's what you mean isn't it? I keep the words to myself. He is my guest and I will not waste the hosting skills my mother taught me on this rare opportunity to use them.

"You must be hungry. We should eat. Would you like some tea?"

"Yes please." He says sitting back down.

One of my women rushes forward with two small glass cups full of dark rich tea.

Kibarca kardeşim Mualla Cemile Efsunlu'nun sağlığını soruyor. Benim kardeşim, onun üvey kardeşi. İyi olduğunu, yakında beni ziyarete geleceğini söylüyorum. Müzikten bahsediyoruz, arp çalıp çalmadığımı soruyor ve artık davul çalmaya pek vakit bulamadığını itiraf ediyor.

"Yeni sarayda rahatınız yerinde mi?" diye soruyorum.

Suçlu gözükme lütfunda bulunuyor. "Güzel. Odaları devasa. Denizaşırı yeni imparatorluklardan usta zanaatkarlar getirttik; kendi krallıklarında ve cumhuriyetlerinde saraylar inşa etmiş meşhur ustalar. Babamız İmparator Hazretleri diyor ki, eğer onlarda hayranlık uyandıracaksak, hala dünyanın en büyük güçlerinden biri olduğumuzu, bizim de onlarınki kadar görkemli odalarımız olduğunu bilsinler." Duraksıyor, tepkimi ölçmeye çalışıyor. Aradığı şeyi vermiyorum. "Böyle bir manzarası yok ama." diyor, açık pencerelere doğru uzanarak.

"Hayır, yoktur zannediyorum." diye cevap veriyorum.

Pencereden dışarı bir kez daha bakıp yerinden fırlıyor. "Ah" diye bağırıyor, "Tepeden izlediğimiz gemileri unutmuşum." Gülümsüyor. "Martıları andırıyorlar."

"Bugünlerde yelkenlilerden çok buharlı gemi geçiyor."

Beni duymuyor. Hatıralara dalmış, şöyle diyor: "Hatırlar mısın? Buraya oturup saatlerce izlerdik gemileri. Tanıyamadığımız bir bayrak görünce Alp'e sorardık. Ne güzeldi o günler..." Şimdiki zaman onu geçmişten söküp alıyor.

Metruk Vahit Can benim gözümü çıkarmadan önce. Oyuncak bir palayla beni öldürmeye çalışmadan önce. O günlerden bahsediyorsun, değil mi? Düşüncelerimi kendime saklıyorum. Neticede o benim misafirim, annemden öğrendiğim ev sahipliği maharetini gösterebileceğim bu ender fırsatı ziyan etmeyeceğim.

"Acıkmışsındır. Bir şeyler yiyelim. Çay ister miydin?"

"Evet, lütfen." diyerek tekrar oturuyor.

Kadınlarımdan biri çarçabuk iki bardak enfes, demli çay getiriyor.

Other servants of the sanctum bustle around us placing breakfast down on the table between us: a platter of different cheeses from across the empire, black, red and green olives, sweet tahini with pomegranate syrup, honey with cold fresh curds, a plate of fresh tomatoes, cucumber and green peppers, and finally a personal favourite of mine, spicy beef sausage fried with egg. All served with bread fresh from my sanctum's kitchen.

"I'm sorry I couldn't provide a better spread. My cooks must have been as surprised by your visit as I was. But please eat as much as you want. If there is anything else that you want, I can send somebody down to the market to try to get it."

"It's more than enough for me, thank you." He says popping a green olive into his mouth and spitting the stone out into the gold dish provided for that purpose. One of my women dashes up and spirits the stone away. *They must be excited to be hosting, it happens so rarely,* I realise. Only my sister comes to see me with any regularity and she has been busy with her own growing family of late.

I load up a piece of bread with cheese and put a little honey onto it.

"May I ask crown prince why I have the pleasure of entertaining you today?" I try to make the question as casual as possible but I want to get to the meat of it. *Is this the day I die?* I chew my bread and wait for the answer.

"Ah. Yes. I have some unfortunate news."

This is it.

"You know that father is away on campaign. Fighting the lion riders' rebellion. Trying to bring the Immortal Lord Sheer back to heel."

I nod. I can't speak.

"Well he has taken to his sick bead."

All the gods be damned. This is it. I knew it.

I pull myself to gather and say in a small voice. "I'm very sorry to hear that. He is strong and with our prayers I'm sure that he will recover."

"We have no accurate reports, but my doctors tell me that in that part of the world there are many aliments that can strike even the strongest man down."

Haremimdeki diğer hizmetkarlar aramızdaki masaya kahvaltı getirmek için koşuşturuyorlar: İmparatorluğun dört bir yanından gelen peynirler, siyah, kırmızı, yeşil zeytin, nar şuruplu tahin, soğuk, taze kaymaklı bal, bir tabak körpe domates, salatalık, yeşil biber ve nihayet en sevdiğim sucuklu yumurta. Haremimdeki mutfaktan gelen taze ekmek eşliğinde.

"Daha iyi bir ikram sunamadığım için beni mazur görün. Aşçım da en az benim kadar şaşırmıştır ziyaretinize. Ama lütfen yiyebildiğiniz kadar yiyin. İstediğiniz başka bir şey varsa, birini pazara gönderip aldırmaya çalışayım."

"Bu kadarı yeter de artar, teşekkürler." diyor, ağzına yeşil bir zeytin atıp çekirdeğini altın tabağa tükürerek. Kadınlarımdan biri koşup çekirdeği götürüyor. *Misafir ağırlamak heyecan vermiş olmalı onlara, zira çok seyrek yaptıkları bir şey.* diye düşünüyorum. Sadece kız kardeşim beni görmeye geliyor düzenli olarak, o da son zamanlarda çoluk çocukla meşgul.

Bir parça ekmeğin üzerine peynir koyup biraz bal sürüyorum.

"Bugün veliaht prensi ağırlama şerefini neye borçluyum?" Olabildiğince gelişigüzel sormaya çalışıyorum ama niyetim işin aslını öğrenmek. *Bugün ölecek miyim?* Ekmeğimi çiğnerken cevap bekliyorum.

"Ha, evet. Kötü bir haberim var."

Buraya kadarmış.

"Biliyorsun babamız seferde. Aslan süvari isyanını bastırmakla, Ölümsüz Sheer Efendi'yi dize getirmekle uğraşıyor."

Başımı sallıyorum. Konuşamıyorum.

"Yatağa düştü."

Bütün tanrılara lanet olsun. Buraya kadarmış. Biliyordum.

Toparlanıp kısık bir sesle, "Bunu duyduğuma çok üzüldüm. Güçlü kuvvetlidir o, dualarımızla eminim iyileşecektir." diyorum.

"Tam ne olduğunu bilmiyoruz ama doktorlarım diyor ki, oralarda en sağlam adamı bile devirecek bir sürü hastalık varmış."

Is it going to happen now? Is one of the servants is going to step behind me and wrap a silk cord round my neck and pull. Just like they did with brother Metruk Vahit Can. I reach up and touch the gemstone where my eye should be. *Is Nazim going to do it himself? Is that dagger more than ornamental?*

"I will pray for him too. He is in danger now," Nazim says looking distracted by his slippers. "I thought you'd want to know."

We both know what my father's death will mean. There can only be one emperor and no rival will be allowed. Back when the emperors' sons were sent out into the empire to be governors or generals, they had spawned a civil war almost every time the emperor died. My great grandfather put and end to that practice by locking his sons in the safety of the palace, within easy reach.

His eyes try to connect with mine. Looking for forgiveness. *I'm sure that those bleary eyes get anything you want out of your sanctum's women but not from me.* I'm happy to let the silence sit in the air like pollution, poisoning everything.

He twirls one of the rings on his fingers and looks out of the window.

"I've bought a gift for you" he says, changing the subject.

"Oh?" I say interested. A gift probably means I'm not going to die. Today.

He claps his hands and a girl trips into the room, carrying a long cotton case with autumn leaves sewn onto it. She has black hair that runs in pleasing waves, with fine features, a strong nose and a pair of dark eyes that shine out of her olive skin. I don't dwell on her beauty. I've taught myself to ignore these details. They are forbidden to me, I can't be producing unwanted heirs.

"She's my gift to you. She's a foreigner from the north-western mountains; so a little stupid but she plays the whistle more beautiful than any other I've encountered. I hear you lost your flutist." He says eagerly waiting for my answer.

"It's true, Fatma married into a wealthy family out on the islands not two months ago."

Şimdi mi öleceğim peki? Hizmetkarlardan biri arkamda duracak, boynuma ipekten bir kordon dolayıp gırtlaklayacak mı? Tıpkı kardeşim Metruk Vahit Can'a yaptıkları gibi. Gözümün yerine koyduğum mücevhere dokunuyorum. *Yoksa Nazım kendi mi halledecek? Şu hançeri süsten ibaret değil belki de.*

"Ben de dua edeceğim ona. Tehlike altında şu an," diyor Nazım terlikleri dikkatini dağıtmış gibi. "Bilmek istersin diye düşündüm."

İkimiz de babamızın ölümü ne manaya geliyor biliyoruz. Yalnızca bir kişi imparator olabilir ve rakip kabul edilmez. İmparator oğullarının vali ya da general olmak için vilayetlere gönderildiği devirde, imparator öldüğünde hep iç savaş çıkarmıştır bu oğullar. Büyük büyük babam güvenli sınırlarlar dahilinde göz önünde dursunlar diye oğullarını saraya hapsederek bu gidişatı durdurmuş.

Gözleri gözlerimi arıyor. Af dilercesine. *O mahmur gözler eminim haremindeki kadınları baştan çıkarıyordur ama beni asla etkileyemez.* Sessizlik havada asılı kalsın, her şeyi kirletip zehirlesin istiyorum.

Parmaklarındaki yüzüklerinden birini çevirip pencereden dışarı bakıyor.

"Sana bir hediye getirdim," diyor, konuyu değiştirerek.

"Öyle mi?" diyorum merakla. Hediye getirdiyse muhtemelen ölmeyeceğim demektir. Bugün ölmeyeceğim.

El çırpıyor ve bir kız giriyor odaya tıpış tıpış, üzerinde güz yaprakları işli uzunca bir pamuk kese taşıyor. Hoş dalgalarla süzülen siyah saçları, güzel yüz hatları, keskin bir burnu ve zeytuni teninde parıldayan koyu renk gözleri var. Güzelliğine takılmıyorum. Bu tür ayrıntıları görmezden gelmeyi öğrettim kendime. Bana yasak bu şeyler, istenmeyen veliahtlar getiremem dünyaya.

"Size hediyemdir. Yabancı, kuzey batı dağlarından geliyor, biraz ahmaktır bu yüzden ama onun kadar güzel fifre üfleyeni görmedim. Fifre ustanı kaybettiğini duydum." diyor hevesle cevabımı bekleyerek.

"Doğru, Fatma adalarda zengin bir aileye gelin gitti. İki ay oldu olmadı."

"She plays beautifully." He says again.

"Thank you. An overwhelmingly kind gift." I mean it; it's a thoughtful gift.

"Come play us something." He says. There is a slight note of the lash in his voice. *He's got used to giving orders.*

The woman unfastens the toggles at the top of the bag and pulls out a wooden flute. Is undecorated and is slightly longer that the ones I'm used to. She wraps her fingers round the interment and fingers a quick scale as a warm-up.

Then she plays, long and beautiful. A note hangs in the air like anti-silence before the next one comes in to fill me up with happiness.

I forget myself and gawp as the walls of the serpent buck room hum to the beauty of her music, complex with the delicious illusion of simplicity. When her song finishes I leap to my feet and applaud.

"Like you said Nazim, a rare talent." I exclaim.

He is smiling at me. When he does I see the young boy that I used to watch ships with in this very room and I smile at him. Then I remember why he came here today, what he told me and my smile drifts away.

The woman bows to us.

"What's your name?" I ask her.

"Aybike" she says in a strong accent, hard but not unpleasant on the ear.

After my brother's departure I feel restless. I walk along the narrow alleyways with their ancient cobbles so well trodden that in some places it can be difficult to walk. I cross the small hexagonal family rooms with their large fireplaces, geometric tiles and rich carpets. They feel dark and claustrophobic to me. I have heard that the new palace has a ceiling ten meters tall. *That would be a thing to see.* I doubt I ever will now. My father's guards at the door are his constant reminder that the world outside my sanctum is not for me. That I will die within these walls. Probably soon.

"Güzel çalıyor." diyor yine.

"Teşekkürler. Son derece zarif bir hediye." diyorum samimiyetle. Hakikaten düşünceli bir hediye.

"Gel bize bir şeyler çal," diyor sesinde hafif bir kırbaç tonuyla. *Emir vermeye alışmış.*

Kız kesenin ucundaki düğmeleri açıp içinden ahşap bir fifre çıkarıyor. Süssüz, benim alıştıklarımdan biraz daha uzun bir fifre. Parmaklarını etrafında dolayıp hızla deliklerin uzerinde gezdiriyor ısınmak için.

Uzun uzun, güzelce çalıyor. Bir notadan digerine geçerken havada sessizliğe benzer bir boşluk oluyor, ta ki bir sonraki nota gelip icimi neseyle doldurana dek.

Kendimden geçip bakakalıyorum, yılanlı geyik odasının duvarları kızın leziz bir sadelik hissi uyandıran ama esasında derinlikli müziğinin güzelliğiyle çınlarken. Parçası bittiğinde ayağa fırlayıp alkışlıyorum.

"Dediğin kadar varmış Nazım, eşine zor rastlanır bir yetenek." diye haykırıyorum.

Bana gülümsüyor. Tebessümünde bu odada birlikte gemileri seyrettiğim ufak çocuğu görüyorum ve aynı şekilde karşılık veriyorum. Sonra buraya bugün neden geldiğini, bana ne söylediğini hatırlıyorum ve tebessümüm kayboluyor.

Kız ikimizi de başıyla selamlıyor.

"İsmin ne senin?"

"Aybike" diyor, ağır ama kulak tırmalamayan bir aksanla.

Kardeşim gittikten sonra içim huzursuzlanıyor. Dar geçitlerin eskimiş, yer yer çiğnenmekten yürümeyi zorlaştıran taşları üzerinde ilerliyorum. Büyük şömineli, geometrik döşemeli, gösterişli halılar serilmiş, küçük altıgen aile odalarından geçiyorum. Karanlık ve kasvet verici geliyor buralar bana. Yeni sarayın tavanı on metre yukarıda diye duydum. *Görülecek şey doğrusu.* Görebilir miyim artık, emin değilim. Babamın kapıda dikilen muhafızları, haremim dışındaki dünyanın bana haram olduğunu, bu duvarlar içinde öleceğimi bana sürekli hatırlatmak için var. Ölümüm muhtemelen yakındır.

My sanctum's women bring me a light fish soup for lunch. I eat it in the rose room followed by a cup of coffee and tobacco in my little olive wood pipe. I watch them closely as they serve me. Any one of them could be a poisoner now. I try to distract myself by focusing on my star charts, by planning out the work that I will need to do during the night but my mind keeps drifting like a dead ship.

My sanctum's chief eunuch comes to talk to me. *It could be him. He's strong enough to choke the life out of me if he wanted to. He might have done it to brother Metruk Vahit Can too for all I know.* I wouldn't hold it against him. After father separated us they say brother *Metruk Vahit Can* went mad and raped one of the women of his sanctum. Father had him killed after that. I found out a year later when it was all done and dusted. I reach up and push my finger up under my blindfold and touch my broken eye.

It was so easy for father. He didn't have any brothers to contest his succession, only sisters. I wonder, not for the first time, if this is true. He could have had many brothers squirrelled away in quiet corners of the empire, ready to be butchered when he ascended to The Throne of Two Seas.

I sleep in the afternoon. My brother's visit has overly stressed me and I need to regain my strength so I can work during the night. Time is against me. I eat a light dinner of fresh minced beef pasta served with a yogurt sauce. My sanctum's dwarves try to entertain me with their tumbling. I wonder if it could be one of them. I've seen them juggling daggers before at frightening speeds. In a huff I send them away and retire to my room. The servant's door doesn't have a lock, so I jam a chair under it then set to work.

First I crank the leavers on the wall. Built into my roof is a complex mechanism of well-oiled gears. The room is called the blue lotus room for the way that it opens up to the sky. The engineer Nurettin Kalfa designed it, the same man that designed the New Hydra gates at the entrance to the city. The mechanisms are so well crafted and balanced that a man can open it alone.

Haremimin kadınları bana hafif bir balık çorbası getiriyor öğle yemeği için. Gül odasında çorbamı bitirdikten sonra bir fincan kahveyle küçük zeytin çubuğumdan tütün içiyorum. Bana hizmet ederlerken dikkatle izliyorum onları. İçlerinden herhangi biri zehirleyebilir beni. Yıldız haritalarıma odaklanıp dikkatimi başka yere çekmeye çalışıyorum. Gece yapmam gereken işleri planlamaya uğraşıyorum ama zihnim mürettebatı yitip gitmiş bir gemi gibi savruluyor.

Haremimin baş haremağası benimle konuşmaya geliyor. *Belki odur. İstese gırtlaklayıp canımı alacak kadar iriyarı. Bana kalırsa kardeşim Metruk Vahit Can'ı da o öldürmüş olabilir.* Eğer öyleyse, gücüme de gitmez bu. Babam bizi ayırdıktan sonra, rivayete göre, kardeşim Metruk Vahit Can çılgına dönmüş ve haremindeki kadınlardan birine tecavüz etmiş. Babam bu olaydan sonra onu öldürtmüş. Bir yıl sonra her şey bitip konu kapandığında öğrendim. Gözbağımın altına parmağımı sokup sakat gözüme dokunuyorum.

Babamın işi çok kolaydı tabi. Kendi halefliğine karşı çıkacak erkek kardeşi yoktu, kız kardeşleri vardı sadece. Acaba doğru mu bu diye soruyorum kendime ilk defa. İki Derya İmparatorluğunun tenha köşelerinde saklanıp, o tahta çıktığı anda katledilecek bir sürü erkek kardeşi vardı belki.

Öğleden sonra uyuyorum. Kardeşimin ziyareti beni fazlasıyla gerdiği için gücümü toplayıp gece çalışabilecek hale gelmeliyim. Zaman aleyhime işliyor. Yoğurt soslu, kıymalı makarnayla hafif bir akşam yemeği yiyorum. Haremimin cüceleri karşımda yuvarlanıp oynayarak beni eğlemeye çalışıyor. Acaba onlardan biri mi diye düşünüyorum. Ellerinde hançerler, ürkütücü bir hızla hokkabazlık yaptıklarına şahit olmuştum. Öfkeyle cüceleri başımdan savıp odama çekiliyorum. Hizmetkarın odasında kilit olmadığından, kapının altına sandalye sıkıştırıp işe koyuluyorum.

Önce duvardaki manivelaları çeviriyorum. Çatımda iyice yağlanmış karmaşık dişli takımları var. Gökyüzüne açıldığı için bu odanın ismi mavi nilüfer. Mühendis Nurettin Kalfanın eseri, şehrin girişindeki Yeni Cok Başlı Yilan kapılarının mimarının yani. Bu dişli takımları öyle ustalıkla işlenmiş ve öyle hassas bir denge üzerine kurulu ki tek bir insan gücüyle açılabiliyor.

With the roof open the night sky is all at my disposal. 'Majesty beyond metaphor' the Ozolidid poet Cyrus of Güldiyar once called it.

I pull out my notes, gathered meticulously over ten years. I still read the first ones that I wrote when I was sixteen. I set up my charts, telescopes, astronomical calendars, an array of measuring devices, my quadrant and my astrolabe. I set my eye to a telescope and my hand to a pen.

I'm not sure how long I work for but I eventually have to force myself to stop. If I over fatigue myself, the work won't be good and the precious time I have will be wasted. I stop and light my pipe. I look at the night's work, letting out thoughtful belches of smoke, a single page with a few lines of symbols on it.

I de-chair the door and pull on the cord at the edge of the room to summon a servant. Zahide arrives, one of the elderly women of my sanctum. She used to be my grandfather's courtesan, a great beauty once by all accounts.

"I need you to bring up that new girl. Tell her to bring her flute."

"As you wish my prince." She says and disappears back out of the servant's door.

I smoke nervously and fiddle with my fingers as I wait. Cut up by hours of harp practice. Not well suited to the flute.

Zahide returns with Aybike. She looks tired and red-eyed. Her arms clutch the flute to her chest.

Zahide settles herself in the corner on a stool. Prudish witch. Does she think I've forgotten my brother's fate? Does she think I'm like that mad dog? … Maybe she thinks I have nothing left to lose now.

"Can you read music?" I ask Aybike?,

"Yes I can." She replies quiet but not fearful.

I hold up the piece of paper, the night's work. "Can you read this?"

Gece çatıyı açtığım andan itibaren tüm gökyüzü emrime amade. Güldiyar'ın Ozolidid şairi Cyrus'un ifadesiyle 'Her tür mecazın ötesinde bir görkem'.

On yıl boyunca itinayla biriktirdiğim notlarımı çıkarıyorum. On altı yaşımdayken yazdığım ilk notları hala okurum. Haritalarımı, teleskoplarımı, astronomik takvimlerimi, çeşitli ölçme aletlerimi, açıölçerimi ve usturlabımı çıkarıyorum. Gözümü teleskopa, elimi kaleme yaslıyorum.

Ne kadar çalıştığımı bilmiyorum ama nihayet kendimi durdurmam lazım. Eğer kendimi fazla yorarsam iyi bir iş çıkaramam, kıymetli zamanımı da ziyan etmiş olurum. Bırakıp çubuğumdaki tütünü yakıyorum. Efkarla duman tüttürerek o geceki eserimi, yani tek bir sayfa üzerinde birkaç satır sembolü inceliyorum.

Kapının altına dayadığım sandalyeyi kaldırıp, odanın öte ucundaki kordonu çekerek bir hizmetkar çağırıyorum. Haremimdeki yaşlı kadınlardan Zahide geliyor. Büyükbabamın odalığıydı. Söylenenlere göre, vaktiyle muazzam güzel bir kadınmış.

"O yeni gelen kızı git getir. Fifresini de yanına alsın."

"Emredersiniz şehzadem." diyerek hizmetkar kapısından çıkıp kayboluyor.

Beklerken endişeyle tütün içip parmaklarımla oynuyorum. Saatlerce arp çalmaktan mahvolmuş. Fifre çalacak parmaklar değil bunlar.

Zahide Aybike'yle birlikte geri geliyor. Yorgun, gözleri kan çanağı kızın. Fifreyi kollarının altına kıstırıp, göğsüne dayamış.

Zahide köşede bir iskemleye oturuyor. *Sözüm ona iffet taslıyor cadı. Kardeşimin kaderini unuttum mu sanıyor? O deli köpeğe benzediğimi mi düşünüyor?... Kim bilir, belki de artık kaybedecek bir şeyim olmadığını düşünüyordur.*

"Nota okuyabilir misin?" diye soruyorum Aybike'ye.

"Evet, okuyabilirim." diye cevap veriyor sessizce ama korkmadan.

O gecenin eserini aktardığım kağıdı kaldırıyorum. "Bunu okuyabilir misin?"

She takes it in her fingers and runs her eyes over it. "I'm sorry I can't read this. I can only read. Oxtonalad style."

That makes sense I suppose. She is from that part of the empire. I grab up a fresh piece of paper and convert it. "How about now?" She nods as she studies the music.

"Well, can you play it?"

"Yes but … it's strange, like no music I've ever …"

"Don't worry about that. Try. Please." I beg.

She pulls her flute out and lets her fingers rest on it.

She tries, but the notes come out wrong. The sound is clear but disjointed.

She looks at me. "Sorry my prince. It doesn't work. It can't."

"You're thinking too much." *It can work, it must. I'm not wrong* "take a minute to memorise it then try again."

She does as I ask.

"Ok?"

"Yes. I remember. But the note order doesn't work. They're not in any order."

"That's fine. Now look, look up; see the stars above their beauty greater than anything on earth. Keep the music in your mind." I might be imagining it but I think I can see the faintest smile forming round the flute.

"Look up and try again."

The first notes don't work. Like a hammer breaking the tranquillity of the wind. *Maybe I'm wrong.* The possibility has never crossed my mind before.

But then like the first drops of rain falling on the city, the atmosphere changes. Her eyes shine with starlight. The notes that before seemed random and harsh now sound connected, floating in void but connected none the less.

Parmaklarının arasına alıyor kağıdı, göz gezdiriyor. "Özür dilerim, bunu okuyamıyorum. Sadece Oxtonalad üslubunu okuyabiliyorum."

Anlaşılır bir durum. Zira onun memleketinde, yani imparatorluğun o bölgelerinde bu üslup kullanılıyor. Temiz bir sayfa çıkarıp üslubu çeviriyorum. "Ya şimdi?" Notaları incelerken başını sallıyor.

"Çalabilir misin?"

"Evet ama ... tuhaf şey, daha evvel hiç böyle bir müziği ..."

"Orasını merak etme. Dene. Lütfen." diye yalvarıyorum.

Fifresini çıkarıp parmaklarıyla kavrıyor.

Çabalıyor çabalamasına ama, notalar doğru değil. Sesler belirgin ama kopuk.

Bana bakıyor. "Özür dilerim şehzadem. Olmuyor. Mümkün değil."

"Fazla düşünüyorsun üzerinde." *Mümkün, mümkün olmak zorunda. Yanılmıyorum ben.* "Bir iki dakika ver kendine, ezberle, sonra tekrar dene."

Dediğimi yapıyor.

"Tamam mı?"

"Evet. Aklımda. Ama notaların sırası doğru değil. Herhangi bir sıra takip etmiyorlar."

"Mühim değil. Şimdi bak, yukarı bak; yeryüzündeki her şeyden güzel o yıldızlara bak. Müziği aklında tut." Zihnim beni yanıltıyor olabilir ama sanırım fifrenin etrafında belli belirsiz bir tebessüm şekilleniyor.

"Yukarı bak ve yeniden dene."

İlk notalar doğru değil. Rüzgarın sükunetini bozan tokmak gibi. *Belki yanılıyorumdur.* Bu ihtimali daha evvel hiç düşünmemiştim.

Sonra, şehre düşen ilk yağmur damlaları gibi, hava değişiyor. Gözleri yıldızların ışıltısıyla parlıyor. Biraz önce kaba ve rasgele gözüken notalar şimdi bitişmiş gibi geliyor kulağa, boşlukta yüzüyorlar ama birbirlerine bağlılar.

Praise the gods.

Even old Zahide is roused from the stool where she fell asleep. In a passion I grab up my harp and pluck the strings. I try to fill the void to attach the points of flute to each other. Though my improvisation is poor, it works. Harp of earth, flute of heaven blended together.

The music ends abruptly. But I am not thrown out of the moment by something as trivial as that. Who could be?

I throw my harp onto my bed and I dance a pre-imperial dance with my head held low and my arms outstretched snapping my fingers.

Aybike looks a little shocked and I grab her and kiss her on the cheeks like I would a man. Like I kissed brother Nazim that morning.

"What music was that?"

"It's success. Thank you so much. Zahide wake up." I snap at the old woman. She nods drowsily "Is Sezai Efendi still in the city?" I inquire after my old music teacher.

"He is my prince." She confirms.

"Good. Have him brought to my sanctum and take her to him. Have him teach her to read music properly in our style. Tell him no liquor." If the saintly old music teacher has one weakness it's a glass of good wine.

I spent the first part of the next day idling. The previous day took a lot out of me and the night's success had left me with a shortage of energy. I try to not think too much. I try to not guess which of my servants might assassinate me. I don't think about the music from the night before. I'm worried that too much analysis will shatter it. I try to divert myself with a volume of poetry. But even Abd al Hakim's vivid description of clouds sundered by fighting dragons does not distract me. Eventually I resign myself to the music and pick up my harp and spend the rest of the day trying to fill in the balance of perfect flute music with my below muster

Tanrılara şükürler olsun.

İskemlesinde uyuklayan ihtiyar Zahide bile uyanıyor. Hevesle arpımı kapıp tellerini çekiyorum. Fifreden çıkan seslerin arasındaki boşluğu doldurmaya çalışıyorum. Doğaçlamam zayıf ama işe yarıyor yine de. Yeryüzünün arpı, gökyüzünün fifresiyle harmanlanıyor.

Müzik aniden duruyor. Ama bu kadar önemsiz bir şey dikkatimi dağıtmıyor. Kim olsa dikkati dağılmaz.

Arpımı yatağımın üzerine fırlatıyorum. Başımı öne eğip kollarımı açıyorum, parmaklarımı şıklatarak imparatorluk öncesinden kalma bir dans ediyorum.

Aybike biraz şaşkına dönüyor. Onu yakalayıp erkekleri öptüğüm gibi yanaklarından öpüyorum. Sabah kardeşim Nazım'ı öptüğüm gibi.

"Ne müziğiydi o öyle?"

"Başardık. Çok teşekkür ediyorum. Zahide kalk." diye çıkışıyorum ihtiyar kadına. Uyku sersemi başını sallıyor. "Sezai efendi hala şehirde mi?" diye eski müzik hocamı soruyorum.

"Şehirde şehzadem." diye teyit ediyor.

"Güzel. Haremime çağır, kızı da ona götür. Bizim müzik üslubumuzu düzgün okumayı öğretsin ona. İçki yok, onu da söyle." Mübarek ihtiyar müzik hocasının tek bir zaafı varsa o da güzel bir kadeh şarap.

Ertesi günün yarısını oyalanarak geçiriyorum. Bir önceki gün beni epey yordu, gecenin başarısı da takatimi kesti. Çok düşünmemeye çalışıyorum. Hangi hizmetkarım beni katledecek tahmin etmemeye çalışıyorum. Bir önceki gecenin müziğini düşünmemeye çalışıyorum. Fazla irdelersem paramparça ederim diye endişeleniyorum. Bir şiir kitabıyla dikkatimi dağıtmaya çalışıyorum. Ama Abd al-Hakim'in dövüşen ejderhaların lime lime ettiği bulutları incelikle tasvir edişi bile zihnimi başka yöne çekemiyor. Nihayet kendimi müziğe bırakıyorum, arpımı elime alıp, günün geri kalanında vasat arpımı fifrenin mükemmel müziğiyle dengelemeye çalışıyorum. Daha fazla beste yapamaz hale geldiğimde kuzu eti yanında Balnat pilavından oluşan sade bir

harp. When I can compose no more, I have a simple dinner of lamb served with Balnat rice and with my excitement rising in my chest I watch the sun set and the stars come out.

When I was younger I'd often ask my father to let me move my sanctum to my grandfather's observatory proper in Yildizköy. Where they have an Armillary sphere the size of a building, telescopes the size of castle towers and teams of scholars to consult with. He refused, stating that the village was not a secure enough place to house a prince. I didn't complain. That was before I lost my eye. Back when I was destined to be emperor and there was going to be plenty of time to travel as I pleased and study the stars at my leisure.

I work through the night not even stopping to smoke. Aybike comes to my chamber at two in the morning. She's dressed more properly this time not in a nightgown but simple linen robes. Her long hair has been tied back although a few rebellious strands spring out as they please. She is accompanied by Hatice, another old courtesan of the sanctum who elected to not marry some provincial lord or join a religious institute but remain in the sanctum as a senior servant.

"How were your classes?" I ask as friendly as I can.

"All is well my prince." She says, "It's not so complex and Sezai Efendi is a kind teacher."

"He is," I say happily remembering my lessons with him when I was a boy. "Well play me something." I root around in the piles of music that stand around my room and grab a piece at random. "Here try this." It's an old romance song. She plays it well enough and I'm impressed at how quickly she has mastered our written music.

"Good." I say, "Now try your hand at this." I hand her the bit of paper with the night's work written on it.

"I still don't understand what music this is." She says after casting her eyes over it.

"Like no music on earth." I reply. "Come, come, try."

akşam yemeği yiyorum. Göğsümde kabaran heyecanla güneşin batışını ve yıldızların doğuşunu izliyorum.

Gençliğimde haremimi büyükbabamın Yıldızköy'deki asıl rasathanesine taşımam için babamdan sık sık izin isterdim. Orada bina boyunda bir halkalı küre, kule boyunda teleskoplar ve akıl danışabileceğim alimler var. Babam o köyün bir şehzadenin barınabileceği kadar güvenli olmadığı gerekçesiyle bu talebimi reddetti. Şikayet etmedim. Gözümü kaybetmeden önceydi bu. İmparator olmak hala alın yazımken, istediğim gibi seyahat etmek için, boş zamanlarımda da yıldızları incelemek için bolca vaktim varken yani.

Gece boyu tütün içmek için bile ara vermeden çalışıyorum. Aybike gece saat ikide geliyor odama. Bu sefer daha usturuplu giyinmiş, sabahlık yerine sade bir keten elbise var üstünde. Uzun saçlarını geriye toplamış ama birkaç asi tel azade. Taşralı bir efendiye varmayı ya da dini bir müesseseye katılmayı seçmeyip haremde kıdemli hizmetkarlık yapan bir başka eski odalık.

"Dersler nasıldı?" diye soruyorum olabildiğince dostane bir tavırla.

"Her şey yolunda şehzadem." diyor, "Çok karmaşık değil, Sezai Efendi de iyi kalpli bir hoca."

"Öyledir," diyorum, delikanlıyken onunla geçirdiğim dersleri sevinçle hatırlayarak. "Öyleyse bana bir şeyler çal bakalım." Odamdaki bir yığın nota sayfasının altını üstüne getirip rasgele birini seçiyorum. "Al, bunu dene." Eski bir aşk şarkısı. Gayet güzel çalıyor, yazılı müziğimize bu kadar hızla hakim olması bende hayranlık uyandırıyor.

"Güzel." diyorum, "Şimdi bir de bunu dene." O gecenin eserini yazdığım kağıdı veriyorum.

"Hala bunun ne tür bir müzik olduğunu anlamıyorum." diyor kağıda göz attıktan sonra.

"Yeryüzünde böyle bir müzik yok." diye cevap veriyorum. "Gel buraya, gel. Dene."

She pulls the flute up to her lips. The song is different tonight; the notes are closer together creating a quicker tempo. It takes her a few attempts to get the timing exactly right but when she does I join in weaving order out of chaos with my harp, like mathematics bringing logic to the cosmos.

We play the new work and practice the one from the previous night. I'm happier with my harp part but it's still not good yet. *I have more work to do.* I think.

When I feel there is no more to be done I send her back to bed. With instructions for her to practice with the music master again and a gift one of my rings a small gold band with semi precious stones set in from my own hand.

I don't sleep that night. I spend it in the company of my notebooks and my pipe puffing like an aged dragon. My harp part is still not good enough and as I keep forgetting and remembering like a nightmare, my time is limited now. So limited

I let the next day drip past. Not thinking too much, eating a little and dozing. I feel that if my father dies today they probably won't kill me until the day after so I have at least tonight to work.

The night comes and again I turn my eyes to the heavens.

Aybike comes to play music accompanied by the old woman Zahide. Who sits herself down on a stool in the corner and pulls out her knitting.

"What are you doing?" I ask her sharply.

"Making some socks my prince." She replies.

Something about the old woman's attitude irks me; that she is happy to make socks while we create music the like of which the world has never seen before, that our creation is not worthy of her stopping her little remedial chores. "Then get out." I snap. "Go take your socks and make them somewhere else. Is the sanctum not big enough? It's big enough for me."

For the faintest of seconds she looks like she is about to challenge me then thinks better of it. "As you wish my prince." She says as she retreats from the room.

Fifreyi dudaklarına götürüyor. Bu akşamın parçası başka; notalar birbirine daha yakın, daha hızlı tempoda. Zamanlamayı ancak birkaç teşebbüsten sonra tutturuyor ama başardığı anda arpımla ona katılıyorum, tıpkı matematikçilerin evrene mantıkla yaklaşması gibi keşmekeşle intizam dokuyarak.

Yeni eseri çaldıktan sonra bir önceki gecenin eserini meşk ediyoruz. Arpımdan daha çok memnunum artık, ama hala iyi değilim. *Daha kat etmem gereken yol var.* Diye düşünüyorum.

Artık yapacak bir şey kalmadığını hissettiğimde onu uyumaya gönderiyorum. Müzik hocasıyla tekrar çalışması için talimat veriyorum, bir de yarı değerli taşlarla işli küçük altın yüzüğümü parmağımdan çıkarıp hediye ediyorum.

O gece gözüme uyku girmiyor. Geceyi defterlerimle ihtiyar bir ejderha gibi tüttürdüğüm çubuğum eşliğinde geçiriyorum. Arpımla çaldığım kısım hala yeterince iyi değil. Tıpkı bir kabus gibi önce unutup sonra hatırlıyorum zamanımın kısıtlı olduğunu. Çok kısıtlı olduğunu.

Ertesi günü yavaş geçiriyorum. Düşüncelere pek dalmadan, azıcık yiyip şekerleme yaparak. Babam bugün ölürse beni muhtemelen sonraki güne kadar öldürmezler, o yüzden en azından bu akşam çalışabilirim diye geçiriyorum içimden.

Gece oluyor ve ben yine gözlerimi semaya dikiyorum.

Aybike ihtiyar Zahide kadınla birlikte müzik çalmaya geliyor. Zahide köşedeki iskemleye çöküp örgüsünü çıkarıyor.

“Ne yapıyorsun?” diye soruyorum sertçe.

“Çorap dikiyorum şehzadem.” diye cevap veriyor.

İhtiyar kadının tavrı canımı sıkıyor. Biz burada dünyada eşi benzeri duyulmamış bir müzik yaratırken, sanki eserimiz onun eften püften angaryasını kesemeyecekmiş gibi mutlu mesut çorap örüyor. “Çık o zaman.” diye tersliyorum. “Çoraplarını da al git, nerede öreceksen ör. Koca harem neyine yetmiyor? Bana yetiyor ya.”

Sanki bir anlığına bana karşı gelecekmiş gibi duruyor ama vazgeçiyor. “Emredersiniz şehzadem.” diyerek odadan çıkıyor.

I feel a lot fresher with Zahide gone. Now Aybike and I can play undisturbed.

Aybike works the very breath out of herself. Pulling her eyebrows together trying to get the notes out perfectly. I join in with the harp and together the two streams of music start to merge as I always hoped it could.

When we can play no more she asks me in her heavy accent. “Where does this strange music come from? You write it don’t you?”

“It comes from the stars.” I say.

“Don’t be cruel. I ask you an honest question and you turn me aside.”

She looks upset “I’m not trying to tease you. I respect you too much. Look up. Those are not random points of light scattered by some mad titan. When you study astronomy you see that the heavens are in motion. Complex patterns of forces that we barely understand.” I look across at her to see if she understands., you can tell she is by the glint in her eyes. *No wonder she understood our music system so quick.* Seeing an eager student I keep going. “Mathematics and music are linked like two hands clapping. So is mathematics and astronomy, does it not then stand to reason that music and astronomy should be linked too?”

“So…” she says thinking aloud, “you take an area of sky, measure it with your devices and plot it in your musical writing?”

“Well there’s a little more to it than that but, basically.”

“Which stars are we playing?”

“Those ones. That cluster to the left of the moon.” I spin a telescope round so she can look for herself.

“The shepherds of my home say that the stars move. I suppose you have to use your devices to keep track of those movements through the night and compensate for them. Or the notes of the music will be wrong as well.”

Zahide gidince çok daha zinde hissediyorum kendimi. Şimdi bizi kimse rahatsız etmeden çalabiliriz Aybike'yle.

Aybike nefes nefese kalana kadar uğraşıyor. Kaşlarını bitiştirip notları mükemmel biçimde çıkarmaya çalışıyor. Arpımla ona eşlik ediyorum, hep olmasını umduğum gibi iki müzik akışı bütünleşmeye başlıyor.

Takatimiz kalmayınca ağır aksanıyla soruyor bana: "Bu tuhaf müzik nerenin? Siz yazıyorsunuz değil mi?"

"Yıldızlardan geliyor." diyorum.

"Gaddarlaşmayın. Size samimiyetle bir soru soruyorum siz lafı değiştiriyorsunuz."

Gücenmiş gibi duruyor "Dalga geçmeye çalışmıyorum seninle. Sana saygım sonsuz. Yukarı bak. Bunlar mecnun bir titanın gelişigüzel saçtığı ışık noktaları değil. Astronomi ilminde göklerin hareket halinde olduğunu öğretiyorlar. Bizim aklımızın zar zor yettiği karmaşık güç örgüleri olduğunu." Söylediklerimi kavrayabiliyor mu diye bakıyorum, gözlerindeki ışıltı bunu doğruluyor. *Müzik sistemimizi bu kadar hızla kavrayışına şaşmamak gerek.* Karşımda hevesli bir öğrenci görünce devam ediyorum. "Matematik ve müzik, alkış tutan iki el gibi birbiriyle ilişkilidir. Matematik ve astronomi de aynı şekilde. Öyleyse müzik ve astronominin de birbiriyle alakalı olması gerektiği fikri de mantıklı gelmez mi?"

"Yani..." diyor sesli düşünerek, "Göğün bir bölgesini alıyorsunuz, aletlerinizle ölçüp müzik dilinde haritasını çıkarıyorsunuz, öyle mi?"

"Bu söylediğinden biraz daha fazlası var işin içinde, ama genel itibarıyla öyle evet."

"Hangi yıldızları çalıyoruz biz peki?"

"Oradakileri. Ayın solundaki kümenin yıldızlarını." Teleskoplardan birini çeviriyorum ki görebilsin.

"Memleketimdeki çobanlar yıldızların hareket ettiğini söyler. Gece boyunca aletlerinizi kullanarak bu hareketlerin izini sürmeniz gerek sanırım. Yoksa eserin notaları da yanlış olur."

I nod. *Too smart by far to spend her life stuck as a slave in a sanctuary.*

She fingers one of my compositions on her flute. "A beautiful idea."

"I'm glad that you agree. For as long as humans have walked on the world they have used the stars. Cartographers, navigators, horologists, priests, augers, and wizards all find their uses for the heavens. But for me it's always been music. How can anybody look into the night and not think of music?"

"As I said, a beautiful vision my prince."

"Call me Müneccim" I say, she has earned that right. She leaves as the sun rises. With what looks like sadness on her handsome features. *Has she been gossiping with the other women? Does she know my fate?* I fall asleep on the sofa, listening to the sea breaking on the rocks below and not really caring if one of the eunuchs cuts my throat.

"I dance to the sound of your Guclu bow

I sing to the sound of your curved sword

I die to the beat of your glorious conquest"

I wake with the sound of this old soldier's poem in my head. *Today will be a portentous day.*

Somebody is in my room I realise.

From my place on the sofa I crack my good eye open. *Assassin.* Fear tightens its hold on me. *No, no, no! I'm not finished yet; just give me a few more days that's all I ask.*

I look round the room. There is a woman there with her back to me. Anger spikes in me. *They send a woman to try and kill me.*

"Who is there? Speak quickly"

Aybike turns round to face me and for a second the direst of theories comes to me. Maybe it is her. Maybe that's why my brother sent her to me. Distracted me with music, as he knew I would be. She faintly smiles and I burn this theory out of my

Başımı sallıyorum. *Haremde tutsak bir köle olarak ömür çürütecek birine göre fazla zeki.*

Fifresini bestelerimden birinin üzerinde gezdiriyor. "Güzel bir fikirmiş."

"Mutabık olduğumuza sevindim. İnsanoğlu yeryüzünde var olduğundan bu yana yıldızlardan istifade etmiştir. Haritacılar, gemiciler, saatçiler, rahipler, kahinler, sihirbazlar hep gökteki yıldızlarla uğraşmıştır. Benim uğraşımsa müzik. Geceyi seyre dalan insanın müzik düşünmemesi mümkün mü?"

"Dediğim gibi, güzel bir bakış açısıymış bu şehzadem."

"Bana Müneccim diye hitap et" diyorum, ki bunu hak etti. Gün doğarken ayrılıyor, güzel yüz hatlarında hüzne benzer bir ifadeyle. *Diğer kadınlarla fiskos mu ediyor yoksa? Alın yazımı biliyor mu?* Haremağalarından biri boğazımı kesmeye kalksa umurumda pek olmayacak halde, aşağıda kayalıklara çarpan denizi dinlerken koltuğun üzerinde uyuyakalıyorum.

"Güçlü yayının sesiyle dans ediyorum

Kavisli kılıcının sesiyle şarkı söylüyor

Şanlı fethinin darbe sesleriyle ölüyorum"

Eski bir askerin şiiri zihnimde çınlarken uyanıyorum. Bugün muazzam bir gün olacak.

Odamda birinin olduğunu fark ediyorum.

Koltukta sağlam gözümü hafifçe aralıyorum. Katil. Korku bedenimi kaskatı ediyor. Hayır, hayır, hayır! Henüz bitirmedim; bana birkaç gün daha verin ne olur, tek dileğim bu.

Odayı kolaçan ediyorum. Sırtı bana dönük bir kadın dikiliyor. Öfke yükseliyor içimde. Beni öldürsün diye kadın göndermişler.

"Kim var orada? Çabuk konuş."

Aybike yüzünü bana çevirdiğinde, bir anlığına en korkunç ihtimaller üşüşüyor aklıma. Belki de odur. Belki de kardeşim bu yüzden gönderdi onu bana. Müzikle aklımı çeleceğini biliyordu ki çeldi hakikaten. Belli belirsiz gülümsüyor ve bu ihtimali kafamdan söküp atıyorum. Bu karanlık varsayımım doğru çıksa bile inanmayacağım.

skull. I will not believe this dark hypothesis of mine even if it turns out to be true.

"I'm sorry I woke you my prince. I was ordered to open up the palace windows."

"No matter."

"I also have a message. Your sister will come to visit you today."

"Ah yes I remember." It's the day of her bimonthly trip.

Her sleeves are rolled back and her brown skin looks red and angry.

"What's the matter with your arm, have you contracted some rash in the bath house?"

"It's nothing." She says and rolls down her sleeve.

I will not tolerate lies from my sanctum staff. "Tell me what's the matter?"

She looks shy from a moment then decides to tell me. "It was the other women. They resolved to punish me as I returned to my bed this morning."

"What, how dare they!" I shout.

"They don't like the time we spend together. They call me whore and foreign bitch. I tell them that it is not true that we just play music. Then accuse me of lying." She looks sad but not about to cry. "Then they tell me that if I get pregnant the emperor will have me killed and thrown into the sea and that I will deserve it."

"Tell me who. I will have the witches flogged." I cry. "How dare they!"

"No." she cries back. "They will take revenge."

I scoff. "I'd like to see them try."

"They will remember. They will wait until after …" she looks shocked at her own words.

"After I'm dead."

She nods. I see her problem and the dilemma that I've put her in.

"Sizi uyandırdığım için kusura bakmayın şehzadem. Sarayın pencerelerini açmam emredildi de."

"Sorun değil."

"Bir de haber getirdim. Kız kardeşiniz sizi ziyarete gelecek bugün."

"Tamam, doğru, hatırladım." Iki ayda bir yaptığı ziyaretlerden biri bugüne denk geliyor.

Kollarını sıvamış, esmer teni kızarık ve kızgın gözüküyor.

"Koluna ne oldu, hamamda kurdeşen filan mı bulaştı yoksa?"

"Bir şey yok." diyor kollarını kapayarak.

Haremimde çalışanların yalan söylemesine tahammülüm yok. "Söyle ne oldu?"

Bir anlığına utanıyor ama sonra söylemeye karar veriyor. "Diğer kadınlar yaptı. Bu sabah yatağıma döndüğümde bana ceza vermek istediler."

"Ne? Bu ne cüret!" diye haykırıyorum.

"Birlikte vakit geçirmemizden hoşlanmıyorlar. Bana kahpe, ecnebi orospusu diyorlar. Öyle bir şey yok diyorum, sadece müzik çaldığımızı söylüyorum. Sonra da beni yalancılıkla itham ediyorlar." Üzgün gözüküyor ama ağlamaklı değil. "Eğer hamile kalırsam imparatorun beni öldürteceğini, sonra denize fırlatacaklarını, bunu hak ettiğimi söylüyorlar."

"Söyle bana kim bunlar? Kırbaçlatayım o kocakarıları." diye kükrüyorum. "Bu ne cüret!"

"Olmaz." diye feryat ediyor. "İntikam alırlar benden."

"Sıkıysa teşebbüs etsinler buna." diye dudak büküyorum.

"Unutmazlar. Sonrasına kadar beklerler ..." ağzından çıkanlar onu dehşete düşürüyor.

"Ben öldükten sonraya kadar beklerler yani."

Başındaki derdi, onu nasıl bir ikilemde bıraktığımı fark ediyorum.

"I see. I have wronged you and put you within a difficult situation, while you are under my roof. A sin that the gods do not easily forgive." I make my decision in a second. "You do not have to return tonight. I can complete the work on my own."

"I will not hear such stupidity. I will not give up on our work. I did not choose to come here to this palace to this life, but I have decided that your work is important Müneccim and their petty jealousy will not stop me."

I give her my thanks and tell her to get the women to prepare The Serpent Buck room for my sister's arrival and my heart dances as I get of the sofa to look out at the sea.

My sister Mualla Cemile Efsunlu was an important figure when I was a child, older than me by a good few years. She doted on me, would go around the sanctum, begging sweets from the servants to give to me or carrying me round like a cat with her kitten.

She was married when I was eleven to a city noble. The purpose was to secure their loyalty. She is the mistress of a great estate now with a healthy number of children, but she still comes to visit me from time to time. Her visits were and are an important lifeline for me, a connection to the real world. When I ask the servants for news from the city or the empire they tell me that the people are happy and that the emperors enemies run fleeing from my honourable father. However, I'm no fool, I can see the foreigners' ships with their advanced engines and increasingly large guns. I know that if the empire was content and at peace, father would not be on campaign all year round. My sisters' accounts are far closer to truth, they tell of the problems in the city, the provincial rebellions and of the foreign powers extending their tendrils into our lands.

I was unhappy that I would miss work time, but with my end fast approaching, I felt that I had to see her for the last time. The kitchens provide a sumptuous lunch of roasted wild birds for us worthy of such an esteemed lady. I have been dressed in long white robes with the Büyük Ruby sash tied round my eye. She is dressed modestly; her pregnant form artfully disguised but hinted at. Her face is round and healthy and she has some impressive jewels on her rings.

"Anladım. Sana haksızlık ettim, burada benim çatım altında zor duruma soktum seni. Tanrıların kolay kolay affetmeyeceği bir günah işledim." Tek bir saniyede karar veriyorum. "Bu akşam gelmene gerek yok. Eseri kendi kendime bitirebilirim."

"Böyle bir saçmalığı duymamış olayım. Eserimizden vazgeçmeyeceğim. Buraya, bu saraya, bu hayata gelmeyi ben tercih etmedim ama eserinin ne denli önemli olduğunu idrak ettim Müneccim. Onların o ehemmiyetsiz hasedi beni durduramaz."

Aybike'ye teşekkür edip, kadınlara söyle kız kardeşimin ziyareti için Yılanlı Geyik odasını hazırlasınlar diyorum. Koltuktan kalkıp denize bakarken kalbim heyecanla çarpıyor.

Benden birkaç yaş büyük ablam Mualla Cemile Efsunlu ben küçükken önemli bir şahsiyetti. Bana düşkündü, haremi dolaşıp hizmetkarlardan benim için şekerleme koparmak için yalvarır, kedinin yavrusunu taşıdığı gibi beni taşırdı.

Ben on bir yaşındayken şehrin asilzadelerinden biriyle evlendi. Bu soylu ailenin sadakatini kazanmak için. Şimdi muhteşem bir konağın hanımı, bir sürü çocuğu var ama hala zaman zaman beni görmeye gelir. Onun ziyaretleri hayatla kurduğum önemli bir bağ gibi oldu hep, gerçek hayatla aramda bir bağ gibi, hala da öyle. Hizmetkarlara şehirdeki ya da imparatorluktaki havadisleri sorduğumda halkın mutlu olduğunu, imparatorun düşmanlarının muhterem babamdan kaçıştığını söylüyorlar. Lakin ben aptal değilim, yabancıların gelişkin motorlu gemilerini, giderek büyüyen silahlarını görebiliyorum. Eğer imparatorlukta her şey süt liman olsaydı, babam yıl boyunca seferde olmazdı. Ablamsa çok daha gerçekçi şeyler anlatıyor, şehirdeki sorunlardan, taşra isyanlarından, yabancı güçlerin topraklarımıza uzandığından bahsediyor.

Eserime ara verecek olmak beni üzmüştü ama sonum yaklaştığı için onu son bir defa görmem gerektiğini düşündüm. Yabani kuş kavurması pişirip, ablam gibi itibarlı bir hanımefendiye yakışır bir sofra hazırlıyorlar mutfakta. Büyük Yakut kuşağı gözümün etrafına dolayıp uzun beyaz kaftanlar giydiriyorlar bana. Ablam mütevazı giyinmiş, hamileliği ustaca saklanmış ama üstü kapalı belli oluyor. Yüzü yuvarlak, sıhhatli, yüzükleri göz alıcı mücevherlerle işli.

We kiss and she sets to eating and sipping tea. She ignores the olives telling me "every time I get pregnant I lose the taste for them, then get it back after the child is born." She says.

I don't reply. This is the business of women and I know nothing about it.

I ask how she's doing and she tells me all about her life in the country house and the transfer to a new, even bigger palace. Built she says on the vast profit they got trading with the new empires. She talks about the wellbeing of her husband the noble Àli Cihanperver, and tells me that we would be great friends if we met.

"The only real friends I've ever had were you and my brothers. Look how that turned out." I point at my eye. *Though maybe that's not so true anymore.* I think of Aybike. "I've been thinking about my brother you know." I continue.

"That's not surprising Müneccim. It must be hard for you now that he is out and about filling the role that should have been yours."

"No not Nazim, Metruk Vahit Can."

"Why waste time on that monster?" She snaps. "He ruined your life out of jealousy. Violated a woman of his sanctum. Father was right to put him down." She sounds so like our mother now, "and don't go thinking you can forgive him or understand him. You can't Müneccim." she sips her tea to calm herself.

"I do think about him though, about the pressure building up in him. He was a dangerous boy and violence was the only way he could express himself. But the hopelessness, I'm understanding it more and more. I don't think I will crack like Metruk, but I'm reaching my own breaking point.

"On that subject…" she says and switches languages into the growly tones of the new empires. A language we both speak but the servants don't. "Why do you have to die like Metruk Vahit Can?"

We are onto dangerous ground here. "You know why."

"Father's order only excludes you from the throne, but you could live on. Survive your doom."

Öpüşüyoruz, sonra oturup çayını yudumlamaya koyuluyor. Zeytinleri geri çeviriyor, "ne zaman hamile kalsam zeytinin tadını alamaz oluyorum, çocuk doğduktan sonra bitiyor anca." diyor.

Cevap vermiyorum. Hiç vakıf olmadığım kadın halleri.

Hal hatır soruyorum, yazlık köşkteki hayatından, yeni, daha büyük bir saraya geçeceklerinden bahsediyor. Yeni imparatorluklarla yaptıkları ticaretin bereketli kârıyla inşa edilmiş. Asilzade Ali Cihanperver'in sıhhatinden bahsediyor, tanışsanız çok iyi dost olursunuz diye ekliyor.

"Kardeşlerim ve sen tek gerçek dostlarımdınız. O da neye vardı gördük." Gözüme işaret ediyorum. *Belki de artık doğru değil bu düşüncem.* Aybike geliyor aklıma. "Kardeşimi düşünüyorum bir süredir." diye devam ediyorum.

"Şaşırmadım doğrusu Müneccim, onun ortalıkta dolanıp senin olması gereken makama konduğunu görmek senin için zor olsa gerek."

"Yok Nazım'ı değil, Metruk Vahit Can'ı düşünüyorum."

"Ne diye o canavarla vakit kaybediyorsun ki?" diye tersliyor. "Sırf hasedinden hayatını mahvetti. Haremindeki kadının ırzına geçti. Babam iyi etti onun canını almakla." Tıpkı annemiz gibi konuşuyor, "onu affedebileceğini, anlayabileceğini aklından geçirme. Yapamazsın bunu Müneccim." diyor, yatışmak için çayından yudumlayarak.

"Aklıma düşüyor yine de, içi nasıl daralmıştır diye düşünüyorum. Tekin değildi, yalnızca şiddet diliyle ifade edebiliyordu kendini. Ama içine düştüğü çaresizliği gittikçe daha iyi anlıyorum. Metruk gibi kafayı sıyıracağımı zannetmiyorum ama benim de bıçak kemiğe dayandı."

"Yeri gelmişken..." diye ekliyor, yeni imparatorlukların hırıltılı diliyle. İkimizin de bildiği ama hizmetkârların bilmediği bir dil bu. "Ne diye Metruk Vahit Can gibi ölmeye mahkum olasın ki?"

Tehlikeli sulara giriyoruz. "Biliyorsun sebebini."

"Babamızın emri sadece seni tahttan alıkoyan bir emir. Ama hayatına devam edebilirsin. Bu korkunç sondan kurtulabilirsin."

"How?" I ask only hypothetically, my fate is sealed.

"My husband and I are rich and powerful." She smiles. "We could give you an estate far from the capital. Live out your life in peace, read your poems, play your music even take a wife…"

Ah there it is. You hide me away in another sanctum, hope I have a son and then try to get him on the throne. Suddenly Àli Cihanperver is not one of the most powerful men in the empire, he is the most. It will probably work too. Nazim is a child raised in the sanctum as a replacement part. He won't have the ability to out gun the noble Àli Cihanperver. Mualla you are our blessed mother reincarnated with all the ambition and skills that she had.

"Thank you for your offer but my place is here. I know that now." I think about Aybike and my music. Yes that is my work.

"Mother would be disappointed Devil Eye Emperor."

"She's dead. Her opinion doesn't matter any more." Silence falls. We've both gone too far and we both know it. We need to apologise.

"I'm sorry. That was cold. Can you forgive me Mualla?"

"Yes. I was out of order too, but I want you to live Müneccim."

"You say that, but I'm not like Metruk Vahit Can, or like you or like mother. I understand my fate and have accepted it. That kind of resolution can not be broken now."

She nods. I can tell by her face that she's decided to forgive me. She told me once that her mother told her never to cry in the presence of men. I wonder if she's employing that ability now. We share the silence, leave the food uneaten and look out at the sea where the waves break on the rocks far below us.

After we can no longer bear the silence, we cautiously reengage in conversation talking about nothing and everything, speaking carefully as a cat on the move, picking its way through a field of broken glass.

"Nasıl?" diye soruyorum cevabını bilmeme rağmen, kaderim yazılmış benim zaten.

"Kocamla ben zengin ve güçlü insanlarız." diyor tebessümle. "Başkentten uzak bir yerde sana bir konak verebiliriz. Huzur içinde yaşayıp gidersin, şiirlerini okursun, müziğini çalarsın, bir eş bile alırsın kendine..."

Anlaşıldı. Başka bir haremde saklayacaksın beni. Oğlum olsun diye ümit edecek, sonra onu tahta geçireceksin. Durup dururken Àli Cihanperver imparatorluğun en kudretli adamlarından biri değil, en kudretlisi olacak. İşe de yarar hani. Nazım zaten haremde yedek parça gibi yetiştirilmiş bir çocuk. Asil Àli Cihanperver'i vuracak kabiliyetten yoksun. Mualla, sen mübarek annemizin tüm hırsı ve marifetleriyle yeniden vücut bulmuş halisin.

"Teklifin için teşekkürler ama benim yerim burası. En azından bundan eminim." Aybike'yi ve müziğimi düşünüyorum. Evet, benim işim bu.

"Annemiz hayatta olsaydı hayal kırıklığına uğrardı İblis Gözlü İmparator."

"Annemiz öldü. Onun fikirleri mühim değil artık." Sessizlik çöküyor. İkimiz de haddimizi aştık, farkındayız. Özür dilememiz lazım.

"Özür dilerim. Biraz sert konuştum. Beni bağışlar mısın Mualla?"

"Evet. Ben de münasebetsizlik ettim. Ama yaşamanı istiyorum Müneccim."

"Öyle diyorsun ama, ben Metruk Vahit Can gibi değilim, senin gibi, annem gibi de değilim. Kaderimi biliyorum ve boyun eğiyorum. Bu kararlı duruşumun bozulması mümkün değil artık."

Başını sallıyor. Yüzünden, beni bağışlamaya karar verdiğini anlıyorum. Annemizin ona asla erkeklerin yanında ağlama dediğini söylemişti bir keresinde. Şimdi bu maharetini mi gösteriyor acaba diye düşünüyorum. İkimiz de sessizliğe bürünüyoruz, yemekleri bırakıp dışarıya doğru, dalgalarının aşağıdaki kayaları dövdüğü denizi seyre dalıyoruz.

Sessizliğe tahammül edemeyecek hale geldiğimizde, temkinle tekrar muhabbet etmeye başlıyoruz, şuradan buradan laf açıp, kırık cam parçaları arasında ilerlemeye çalışan bir kedi itinasıyla konuşuyoruz.

The night is upon us and I have to work again. Tonight I will finish.

The poet Shair Naci once wrote that 'to understand something you must chip your love away from it'. I could not disagree more. Every note I've made, every measurement has increased my love of the stars, not driven it away. I look down at the sea breaking on the rocks. That too has it's own music.

When Aybike comes, I greet her as warmly as I can. I'm worried about her situation.

If she has had any other problems with the servants, she hides it form me. She slips her flute out of the bag and runs her hands over the scales she has learnt so well.

I lay out the fully completed piece before her. She inspects it with her dark eyes. Critically assessing our work.

"It works." She says. That's all I wanted to hear.

"Not even a small part of the heavens has been recorded here." I tell her.

"Enough for two humans." she says.

I nod and pick up my harp.

We play and the notes echo through the sanctum. Points of heaven held together by strings of earth. As we play the music, I'm taken back to my childhood, to mothers wisdom, to the words of teachers and to three boys watching ships. They swirl in front of me and drag me back to the moment so that all that remains in my mind is the music, flowing out of the sanctum, over the sea, and into the sky, back to the stars. When we have finished and the last note is gone returned to nothing. We sit in silence tears on both our cheeks.

"Where did the music take you?" I ask.

"Home." she says. There is no reply I can give to that. Guilt is an almost unknown feeling to a prince. We do everything we can to inoculate ourselves against it when it gets through ... It stings.

Akşam çöküyor ve yeniden çalışmam gerekiyor. Bu akşam eserimi tamamlayacağım.

Şair Naci vaktiyle 'bir şeyi anlamak istiyorsan, o şeye karşı hissettiğin sevgiyi sıyırıp atmalısın' diye yazmış. Harfiyen katılıyorum. Yarattığım her nota, her ölçü yıldızlara olan aşkımı dindirmedi, aksine alevlendirdi. Aşağıda kayalara çarpan denize bakıyorum. Onların da kendine has bir müziği var.

Aybike geldiğinde onu olabildiğince sıcak karşılamaya çalışıyorum, hali ne olacak diye endişeleniyorum.

Hizmetkarlarla başka sıkıntıları olduysa bile benden gizliyor. Fifresini çantasından çıkarıp parmaklarını artık ustalaştığı gamlar üzerinde gezdiriyor.

Tamamladığım parçayı önüne koyuyorum. Koyu renk gözleriyle inceliyor. Eserimizi eleştirel bir bakışla değerlendiriyor.

"Olmuş." diyor. Duymak istediğim tek şey buydu.

"Göklerin ufacık bir kısmı bile yok bu kayıtlarda." diyorum.

"İki kişiye yetecek kadarı var." diye ekliyor.

Dediğini başımla onaylayıp arpımı alıyorum.

Biz çaldıkça, notalar haremde yankılanıyor. Göklerdeki zerreler toprağın tellerine tutturulmuş. Biz çalmaya devam ettikçe, çocukluğuma gidiyorum, annemin dirayetine, hocaların kelamına, gemileri izleyen üç oğlan çocuğuna. Önümde fırıl fırıl dönüp, sonra beni ana sürüklüyorlar gerisin geriye, zihnimde yalnızca müzik kalıyor. Haremden dışarı taşıyor, denize, göğe doğru, sonra tekrar yıldızlara dönüyor. Bitirdiğimizde, son nota da uçup gidiyor, hiçliğe bürünüyor tekrar. Yanaklarımızdan süzülen yaşlarla, sükut içinde oturuyoruz.

"Müzik nereye götürdü seni?" diye soruyorum.

"Memleketime." diyor. Verecek cevabım yok. Suçluluk, bir şehzadenin neredeyse bilmediği bir histir. Kendimizi bu hisse karşı aşılamak için elimizden gelen ne varsa yaparız, oysa damarlarımızdan geçerken canımızı acıtır.

"We are going to part ways now." I say.

"You will be executed soon?" she asks.

I don't answer. "Aybike, you've more than earned a rewarded for your work here. I don't really own anything, so there is not much I can give you of mine to thank you. Except this." I roll up the music and tuck it into a scroll case. "This is for you."

She takes it and holds it next to her flute.

"Now take this letter, it's sealed by me. Hide it on your person. I will dismiss you soon and you will leave the sanctum to get me some dates. Even at this hour, the seller will open his shop to provide for the palace."

"I'm sure we have some in the kitchen."

"We don't." I threw them out secretly earlier that day. "You will not go to the date seller. You will go to the house of my sister Mualla Cemile Efsunlu, give her this letter. It will show that you come from me. It explains that you're free now. She will protect you. She has the power to do so. I don't."

"Am I to give her the music?"

I look at her confused. "No, not if you don't want to. It's yours. Go now. This is the only other thing I can give you."

She shakes her head.

"Goodbye." She says as she turns to leave. I listen as she walks away straining my ears until it is beyond impossible to hear the slap of her slippers on the ancient tiles and cobbles.

I ring the cord to get a servant to come. I order some tobacco be prepared. The reasons are two fold. Firstly I want a smoke and secondly Aybike shouldn't be the last person to see me.

Happily puffing away I walk through the dark passages that have been my life to The Serpent Buck room. I tie the Büyük Ruby round my eye. I'm taking it with me.

"Artık yollarımız ayrılıyor." diyorum.

"İdamın yakın mı?" diye soruyor.

Cevap vermiyorum. "Aybike, buradaki gayretine karşılık ödüllendirilmeyi fazlasıyla hak ettin. Gerçek manada sahip olduğum hiçbir şeyim yok, yani sana şükranlarımı ifade edecek pek bir şeyim yok. Bunun dışında." Besteyi sarıp bir tomar kutusuna koyuyorum. "Senin bu."

Kutuyu alıp fifresiyle birlikte tutuyor.

"Bu mektubu da al, ben mühürledim. Üzerinde sakla. Seni birazdan göndereceğim, haremden çıkıp bana hurma almaya gideceksin. Bu saatte bile olsa, hurmacı saraya hurma vermek için dükkanını açacaktır."

"Mutfakta vardır kesin."

"Yok. Gündüz gizlice attım olanları. Hurmacıya gitmeyeceksin. Kardeşim Mualla Cemile Efsunlu'nun evine gidip bu mektubu ona vereceksin. Benim yanımdan geldiğini anlayacak. Mektupta artık hür olduğun yazılı. O seni koruyacak, buna gücü yeter. Benim yetmez."

"Besteyi de ona vermem gerekiyor mu?"

Şaşkınlıkla bakıyorum yüzüne. "Yok, eğer istemiyorsan verme. O senin. Şimdi git. Sana verebileceğim diğer tek şey o."

Başını iki yana sallıyor .

"Hoşça kal." diyor, ayrılmak üzere geri dönerken. Uzaklaştığı esnada pür dikkat kulak kesiliyorum, ta ki terliklerinin kadim karolara, Arnavut kaldırımlarına vuruşunu duyamayacak hale gelene dek.

Kordonla zili çalıp hizmetkarlardan birini çağırıyorum. Tütün hazırlamasını emrediyorum. İki sebebi var bu isteğimin. Hem canım tütün içmek istiyor, hem de beni son gören kişinin Aybike olmaması lazım.

Halimden memnun, dumanımı tüttüre tüttüre hayatımı şekillendiren karanlık geçitler üzerinde ilerleyip Yılanlı Geyik Odasına geliyorum. Büyük Yakut kuşağını gözümün etrafına sarıyorum. O da benimle geliyor.

There is a good chance my father will get better. He's a tough old bastard. He'll recover and come back in triumph with giant lion's heads on spikes and the Immortal Sheer in chains. But I won't do this again, wait with the scimitar kissing my neck. I won't feel so helpless ever again. Far below the waves are breaking on the rocks. My death will be my own and my work, such as it is, is done.

I walk to the window and look out. The rising sun is shinning on the golden sea, hiding my stars and turning the night sky purple.

I step out of the window into space.

Babam büyük ihtimalle iyileşecek. Eski toprak, ölmezoğlu itin tekidir. İyileşecek, Ölümsüz Sheer Efendi'yi zincirlere vuracak, mızraklara sapladığı dev aslan başlarıyla beraber muzaffer bir edayla geri dönecek. Ama ben tekrar aynı derdi çekmeyeceğim, pala gelsin ensemden öpsün diye beklemeyeceğim. Bir daha asla bu kadar aciz hissetmeyeceğim kendimi. Aşağıda, çok aşağılarda dalgalar kayalarda parçalanıyor. Ölümüm kendi elimden olacak, eserim ise her nasılsa tamamlandı.

Pencereye doğru yürüyüp dışarı bakıyorum. Şafak sökerken güneş altuni denizin üzerinde parıldıyor, yıldızlarımı saklayıp gecenin göğünü mora boyarken.

Pencereden boşluğa adım atıyorum.

NIGHT OF NIGHTS

By Brandon Marlon
Çeviri: Elif Koç

From across the overcrowded bazaar I glimpse
the exquisite girl with the mole near her mouth;
the longer I stare the less I remember
who or where I intend to be.
As she slips by me, a whiff of jessamine
charms me from a discount stall of brass lamps
in time to witness the expiring pangs of twilight.
Steering through mobs drooling over bargains,
I trace the scent to a frowzy coffeehouse
with arabesques on granite floors and mirrors on the walls,
its air fragrant with cardamom and mint,
congested with smoke rings puffed from hookah buffs.
An abrupt hush falls as the storyteller appears,
cloaked like a ghoul in his beige galabiyah,
accompanied by a houri or desert mirage,
her limbs rattling with silver wristlets and auric toe rings,
her bare midriff undulating like Mediterranean waves,
entrancing a roomful of slack-jawed desirers.
Moistening with the sweat of desperation,
I wait till she glances my way from those almond eyes,
a flash evanescent yet lovesome,
the momentous instant when I notice a crescent eyelash
dangling then falling beside her mole,
a waning moon coupling with a lonesome sun.

Brandon Marlon is a writer from Ottawa, Canada. He received his B.A. in Drama & English from the University of Toronto and his M.A. in English from the University of Victoria. His poetry was awarded the Harry Hoyt Lacey Prize in Poetry (Fall 2015), and his writing has been published in 185+ publications in 25 countries. www.brandonmarlon.com

GECELERİN GECESİ

Brandon Marlon
Çeviri: Elif Koç

Kalabalık çarşının öbür ucunda
dudağının kenarı benli güzel bir kız görüyorum;
ne kadar uzun bakarsam o kadar az hatırlıyorum
ben kimim ve neredeyim.
Yanımdan süzülürken yasemin kokusu
indirimli pirinç lambaların rafından yakalıyor beni
alacakaranlığın son sancılarına tanıklık etmem için.
Ucuz mallara üşüşen yağmacıların arasından,
köhne bir kahvehanenin kokusunu duyuyorum
çinili granit zemin ve aynalı duvarlarıyla
kakule ve nane rayihalarıyla,
ve nargile içenlerin duman halkalarıyla.
Meddah görününce hemen herkes susuyor,
Bej cübbesiyle bir gulyabani misali,
bir huri ya da serap eşliğinde,
şıngırdayan gümüş bileklikleri, yüzüklü ayak parmaklarıyla,
çıplak göbeği Akdeniz gibi ahenkle dalgalanarak
büyülüyor bir oda dolusu ağzı açık izleyeni.
Alnımda çaresiz terler birikirken,
o badem gözleriyle bana baksın diye bekliyorum,
bir an belirip kaybolan, sevimli bir bakış atsın,
hilal gibi kavisli bir kirpiğin sallanıp
beninin yanına konduğunu fark ediyorum,
batan ayın bir küçük yıldız ile raks edişi gibi.

Kanada'nın Ottawa şehrinde yaşayan Brandon Marlon, Toronto Üniversitesi Tiyatro & İngilizce lisans ve Victoria Üniversitesi İngilizce yüksek lisans derecelerine sahiptir. Şiirleri Harry Hoyt Lacey Şiir Ödülü'ne (Güz 2015) layık görülen Marlon'un eserleri 25 ülkede 185'ten fazla yayında yer almıştır.
www.brandonmarlon.com

THE BLESSED RIVER

By Yaprak Ünver

Once upon a time, somewhere deep in a lush, green valley, there flowed a river called The Blessed River. Squeezed between the river and the mountains was a village called River Blessed. This is what they called the river and the village because the grateful and good people knew the value of their river. They washed their clothes in this river and used the river's waters to water their crops and run their mills. They took their little boats on this river to travel to and from other villages; and enjoyed the well-fed fish that the river brought and that their fisherman caught.

The skilful fisherman of the village was a young man by the name of Pedro Nascilero. His wife was Maria Nascilero, and they had two lovely babies: Rano and Marte. A tall man with capable hands, Pedro was a kind and faithful husband. He had come from a neighbouring village some years ago to marry Maria and loved his family deeply. Everything he did was for their happiness. A beautiful and loving fishing-net maker, Maria, was a kind and faithful wife. She was a native of River Blessed; born and raised in that house right by the river, and worked hard to keep their home running. In many ways, the Nascileros seemed blessed just like the river and the village were.

However, there was something about Maria that Pedro never really understood. Maria would often cry. She would weep when a song touched her heart, she would cry when she laughed a lot. Her tears would quietly stream down when she was reminded of her loved ones who were not nearby and overflow when she thought of how much she loved her babies. Sometimes, when Pedro brought her flowers, she would respond in tears. And sometimes, she would cry simply because she felt sad.

Maria's tears were not unusual to the villagers. Folks knew not to worry or mind when Maria cried; they would say things like; "Her tears turn the river saline!" or, "Better flow than flood!" and some would nod and some would laugh, leaving Pedro more confused than before they spoke.

KUTLU NEHİR

Yaprak Ünver
Çeviri: Yaprak Ünver

Bir zamanlar, mümbit yeşil bir vadinin derinliklerinde Kutlu Nehir isimli bir nehir akardı. Bu nehir ve dağ arasına sıkışmış bir de köy vardı: Nehrin Kutsadığı Köy. Nehre ve köye bu isimleri vermişlerdi, çünkü kadirşinas, iyi kalpli köylüler nehirlerinin değerini bilirlerdi. Çamaşırlarını bu nehirde yıkar, nehrin sularıyla ekinlerini sular, değirmenlerini döndürürlerdi. Kayıklarını nehre indirip komşu köylere gider gelir, nehrin getirip balıkçıların yakaladığı semiz balıkları yerlerdi.

Köyün maharetli balıkçısı Pedro Nascilero isimli genç bir adamdı. Karısı Maria Nascilero'yla iki sevimli bebekleri vardı; Rano ve Marte. Uzun boylu, elleri becerikli bir adam olan Pedro iyi huylu ve sadık bir kocaydı. Birkaç sene önce komşu bir köyden Maria'yla evlenmek için gelmişti, ailesini yürekten severdi; ne yapıyorsa onların mutluluğu için yapardı. Güzel ve sevgi dolu bir balık ağı örücüsü olan Maria da iyi kalpli ve sadık bir eşti. Nehir Kutsadığı Köy'ün yerlisiydi, nehrin hemen yanındaki evde doğup büyümüştü; tüm emekleri yuvasının dirliği içindi. Bir çok açıdan Nascilero çifti de nehirleri ve köyleri kadar kutluydu.

Buna rağmen Maria'da Pedro'nun asla tam anlayamadığı bir şey vardı. Maria sık sık ağlardı. Bir şarkı içine işlediğinde gözyaşı döker, çok güldüğünde yine gözleri dolardı. Yakınında olmayan sevdiklerini hatırladığında göz yaşları sessizce akar, yavrularını ne kadar çok sevdiğini düşününce hıçkırıklara tutulurdu. Kimi zaman, Pedro ona çiçekler getirdiğinde gözyaşlarıyla karşılık verirdi. Kimi zaman ise sadece üzgün olduğu için ağlardı.

Maria'nın göz yaşları köyün sakinlerine tuhaf gelmezdi. Maria ağladığında endişelenmeye gerek olmadığını bilirlerdi; "onun gözyaşları nehrin tuzudur!" ya da "sel olup basacağına, akıtsın daha iyi!" gibi şeyler söyler, bazıları güler bazıları başını sallar, Pedro'nun kafa karışıklığına tuz biber olurlardı.

Pedro always worried when he saw his beloved Maria's eyes well up. He would ask her in alarm, "What's the matter, my love?" and could by no means put his mind to rest when Maria said "Nothing!" in response, which she often did.

One warm summer night as she was mending a fishing net, Maria heard an old song about lost love on the radio. She opened the window facing the river and the stars, breathed in the cool night breeze, and cried a few peaceful tears. Pedro saw his wife in her melancholy and felt his chest tighten. He kneeled down by her side and pleaded to her; "My love, dearest one. Did you lose a lover?"

Maria said; "No, but I feel as if I have." Her words fell into a void inside Pedro; a void where he suspected his comprehension should be.

He felt her so far away, and himself so inadequate, that he gave into frustration. He stood up and said; "If you don't have a real reason to cry, you should stop crying!"

Maria Nascilero looked up at her dear husband. Maybe she thought it more important that he be happy. Maybe she was weary with all the crying and needed a break. Whatever the reason, her tears came to a halt so suddenly that it surprised them both. The refreshing breeze coming from the window turned colder. "What will happen of me?" her heart asked Maria. It's not clear if Maria heard her heart or not. What I do know is that in that moment Maria got goosebumps, and shut the window. They put their babies to sleep and went to bed. That night, happy that his intervention had worked, Pedro Nascilero slept like a baby.

Autumn came to River Blessed early that year. July carried cold winds from the North, August already saw the last of the flowers and crops battered by heavy rains. This was much harsher than the climate of the region, but the villagers had stored food, and they could always get fısh from Pedro to sustain them until spring.

Winter rushed in thereafter. September saw the fields freeze and October, their beloved, Blessed River. This was quite extraordinary in that part of the earth; the river had never frozen in any of the villagers' lifetimes before. Adaptable as they were, the villagers got used to not being able to wash their things, or operate their mills. However, their winter sustenance was fish. Not having any proved to be incredibly difficult. Cut off from other villages because they

Pedro, ne zaman sevdiceği Maria'nın gözlerinin dolduğunu görse endişelenirdi. "Neyin var aşkım?" diye korkuyla sorardı, ve Maria'nın sıklıkla verdiği "hiç" cevabını aldığında asla rahat edemezdi.

Bir ılık yaz akşamı, balık ağı tamir ederken radyoda yitip giden bir aşkı anlatan eski bir şarkı duydu Maria. Nehre ve yıldızlara bakan pencereyi açtı, serin gece esintisini içine çekip huzurla birkaç gözyaşı döktü. Pedro karısının hüznü karşısında göğsünün sıkıştığını hissetti. Yanına diz çöküp karısına yalvardı; "aşkım, canımın içi. Sen de sevgilini mi kaybettin?" Maria "hayır, ama kaybetmişim gibi hissediyorum." dedi. Maria'nın sözleri Pedro'nun içinde bir boşluğa düştü, sanki anlayışının yerini o boşluk almıştı.

Karısını kendinden o kadar uzakta, kendini de o kadar yetersiz hissetti ki bir hışımla ayağa kalkıp; "ağlamak için gerçek bir sebebin yoksa, ağlama!" dedi.

Maria Nascilero sevgili kocasına baktı. Belki onun mutluluğu daha önemliydi. Belki ağlamaktan bitap düşmüştü, ara vermesi gerekiyordu. Sebebi ne olursa olsun, gözyaşları ikisini de şaşırtacak kadar ani bir şekilde kurudu. Pencereden gelen ferah esinti soğumaya başlamıştı. "Peki ya ben?" diye sordu yüreği Maria'ya. Maria duydu mu belli değil. Bildiğim şey şu ki, o an Maria'nın tüyleri diken diken oldu ve kalkıp pencereyi kapattı. Bebeklerini uyutup yattılar. O gece, müdahalesinin işe yaradığından memnun, Pedro Nascilero bebekler gibi uyudu.

O sene güz Nehir Kutsadığı Köy'e erken geldi. Temmuz kuzeyden soğuk rüzgarlar getirdi, Ağustosla gelen sert yağmurlarla son çiçekler ve ekinler de heba oldu. Köy bölgenin ikliminden çok daha sert koşullar altındaydı, ama köylülerin erzakı vardı, hem de bahara kadar Pedro'dan aldıkları balıklarla da geçinebilirlerdi.

Hemen sonra kış geldi. Eylül tarlaları dondurdu, Ekim ise sevgili Kutlu Nehirlerini. Yeryüzünün bu köşesinde görülmemiş hallerdi bunlar, köyün en yaşlısı bile Kutlu Nehrin donduğunu görmemiş, işitmemişti. Koşullara uyum gösteren köylüler çamaşırlarını yıkayamamaya ve değirmenlerini döndürememeye alıştılar. Ama kışlık besinleri balıktı, balıktan mahrum kalınca son derece müşkül duruma düştüler. Kayıklarını donan suya indi-

couldn't take their boats out onto the water, they couldn't go to buy food from elsewhere. Life was getting harder by the day, and nobody knew what to do.

Among the destitute people of the village, Pedro felt the worst. He spent his days trying to pierce through the ice, hoping to catch some fish to feed his family. Most evenings he came home with empty hands, and only rarely, with some unpleasant looking critter he caught and his family was desperate enough to eat. Maria never cried, or complained, for that matter; she was busy learning new ways of cooking with things she would normally feed to the animals, like stalks and peels. Their babies Rano and Marte were oblivious to their parents' struggles. They had their mother's milk, and played and napped their days away by the fire as always.

Long winter months came and went, but the weather didn't abate. The ground as well as the river was frozen late into May. The villagers were in a horrible state of body and mind. Nobody had had a good bite to eat in months; nobody had any energy or will to sing a song or even smile to each other. Survival had become the question.

While nobody blamed him, Pedro somehow felt guilty for not knowing what to do with the frozen river. He was the village fisherman after all; he was supposed to get the bounty of Blessed River for his family and people. One afternoon, full of resentment and ready to defy his Gods, Pedro made a large bonfire next to the river and screamed at the Sun at the top of his lungs; "When did you become so weak, Gods! Don't you see our state? Maybe you are not worthy! You can't even make the Sun shine and thaw this cursed ice!"

For a long moment, nothing happened. Pedro was ready to scoff at his Sun and his Gods. Abandoned and desperate, he let out another groan. Then he heard the sound of a breeze coming from the distance. Cut short in his indulgence, Pedro didn't have a moment to think before a big gush of wind blew over from the river towards his village. The wind pushed against him and swept the blazing fire back towards his home. Eyes wide with panic, Pedro kicked sand over it and put the fire out as fast as he could. The storm wind calmed down immediately. Mortified that he put his family in danger, he admitted to himself that he didn't know

remediklerinden başka köylere gidip yiyecek alamadılar. Hayat gün geçtikçe zorlaşıyor, kimse ne yapmak gerektiğini bilmiyordu.

Zor durumdaki köylüler arasında en üzgünü Pedro'ydu. Günlerini bir balık yakalar da ailesini besler umuduyla buzu delmeye uğraşmakla geçirdi. Çoğu akşam eve eli boş döndü, arada bir meymenetsiz bir böcek yakalar, ailesi de açlıktan yerdi. Maria hiç ağlamadı, şikayet de etmedi, sair zamanda hayvanlara vereceği sap, kabuk gibi şeylerden yemek yapmayı öğrenmekle meşgul oldu. Bebekleri Rano ve Marte anne babalarının çektiklerinden habersizdi. Analarının sütü vardı, günlerini ateşin başında oyunlarla uykularla, her zamanki gibi geçirdiler.

Uzun kış ayları geldi geçti, ama soğuk havalar geçmek bilmedi. Toprak da nehir de mayısın sonuna kadar don tuttu. Köylüler harap olmuşlardı. Kimse aylardır bir lokma yiyememişti, ne bir türkü tutturacak, ne de bir diğerine selam verecek halleri kalmamıştı. Hayatta kalıp kalamayacakları şüpheliydi.

Kimse onu suçlamasa da Pedro don tutmuş nehirle baş etmeyi bilmediği için kendini suçluyordu. Ne de olsa köyün balıkçısıydı, Kutlu Nehrin bereketini ailesine ve köylüsüne getiriyor olmalıydı. Bir akşamüstü, içten içe kin tutmuş, Tanrılarına baş kaldırmaya hazır, nehrin kıyısında kocaman bir ateş yakıp güneşe bütün gücüyle bağırdı Pedro; "hangi ara bu kadar güçsüz oldunuz, tanrılar! Halimizi görmüyor musunuz? Belki de değerli değilsiniz! Güneş açtırıp şu lanet buzu bile erittiremiyorsunuz!"

Uzunca bir süre, hiçbir şey olmadı. Pedro güneşe de tanrılarına da arkasını dönmek üzereydi. Terk edilmiş ve çaresiz, son bir kez daha ah etti. Sonra uzaktan gelen bir esintinin sesini duydu. Pedro kendine acımaya devam ederken onu duraksatan şiddetli bir rüzgar nehirden köye doğru esti. Rüzgar Pedro'yu itti, yaktığı ateşi de evine doğru sürdü. Pedro'nun gözleri panik içinde kocaman oldu, hemen ateşin üzerine ayağıyla kumları süpürüp elinden geldiği kadar hızlıca söndürdü. Fırtına rüzgarı anında sakinleşti. Ailesini tehlikeye attığı için utanç duyan Pedro nehri eritecek kadar büyük bir ateşi sevdiklerini kimsesiz bırakmayacak kadar dikkatlice yakmayı bilmediğini teslim etti. Alçakgönüllülükle eve gidip, yüreğinde acıyla dua etti.

how to light a fire big enough to thaw the river and yet careful enough to leave his loved ones alone. Humbled, he went home and prayed all evening with an aching heart.

Pedro felt truly lost; an unfamiliar feeling at an unprecedented intensity for him. Months of piercing through the ice had only yielded him some tasteless seaweed. His fiery anger, well, that seemed to do more harm than good. Something seemed missing to him. Pedro looked at his beloved wife, Maria, tending to the hearth with a steady hand. "I miss my wife" he thought, "She is right there, beautiful and kind as ever, yet I miss my wife". It wasn't long before they would run out of even the smallest weed to eat, and then what would he do? That night when Maria slept next to him, Pedro lay awake.

Soon after midnight, well before the Sun shone its first rays, Pedro Nascilero wrapped himself up in a thick blanket and walked out the door. He walked through the village square and out River Blessed. Only a few skinny cats saw him leave. He walked across the frozen fields and over frozen little creeks that once fed the Blessed River. He walked through the woods that surrounded the village and up the hill facing East. He climbed the hill into a mountain. He climbed up the mountain leaving his confusion behind.

Hours later, his feet wet up to his thighs with morning dew, Pedro reached the top.

There, he stood and waited for the morning to come. The Sun rose from the ground below in the distance in all its glory and indifference and shone on him. Pedro Nascilero for once in his life had surrendered his worried mind. The Sun, in turn, enveloped him in a curtain of morning mist that rose from the mountain like a blessing. The mist lifted him above the ground, into the sky where it joined a cloud, high above the trees and the hills.

Up in the cloud, Pedro Nascilero soaked up the steady warmth of the Sun. The cloud grew fuller and heavier, and a gentle breeze carried the cloud to over his village. Pedro's heart in its centre, longing for home; the cloud rained a balmy spring rain on River Blessed. Warm as fresh tears, raindrops fell on earth and thawed all that was frozen and rejuvenated all that was dry.

When Pedro came back home, Maria was just about waking up. He sat by her side on the bed and caressed her face. He said to her;

Pedro kendini tamamen kaybolmuş hissediyordu, alışık olmadığı, görülmemiş şiddette bir duyguydu bu. Aylar boyunca delmeye çalıştığı buz ona tatsız yosunlar vermişti. Yakıcı öfkesinin ise faydadan çok zararı olmuştu. Bir şeyler eksikti Pedro için. Ocağın başında azimli elleriyle ateşi körükleyen sevgili eşi Maria'ya baktı. "Karımı özlüyorum" diye düşündü, "Karşımda işte, her zamanki gibi güzel ve candan, ama ben yine de karımı özlüyorum" En ufak yosunları bile bitecekti yakında, o zaman ne yapacaktı? O gece Maria yanında uyurken Pedro'nun gözüne uyku girmedi.

Gece yarısından hemen sonra, güneş ilk ışıklarını göndermeden çok önce, Pedro Nascilero kendini kalın bir battaniyeye sarıp kapıdan çıktı. Köy meydanını geçip Nehrin Kutsadığı Köy'ü terk etti. Gidişinin tek şahidi birkaç sıska kedi oldu. Pedro donmuş tarlaları aşıp bir zamanlar Kutlu Nehir'i besleyen küçük donmuş derelerin üzerinden atladı. Köyü çevreleyen, bir yanı doğudaki tepeye kadar uzanan ormana daldı. Doğudaki tepeye tırmandıkça tepe dağ oldu. Dağa tırmanan Pedro, içindeki karmaşayı ardında bıraktı.

Saatler sonra, ayakları baldırlarına kadar çiğle ıslanmış halde, dağın zirvesine ulaştı.

Orada, ayağa kalkıp sabahın gelmesini bekledi. Uzaklarda güneş tüm haşmeti ve fütursuzluğuyla doğup Pedro'yu aydınlattı. Pedro'nun endişe dolu zihni ömründe ilk defa rahata ermişti. Güneş de onu dağdan bir lütuf gibi yükselen sabah sisine sardı. Sis Pedro'yu yerden kaldırdı, göğe, ağaçlarla tepelerin çok yükseğinde bir buluta çıkardı.

Bulutların arasında Pedro Nascilero güneşin sıcaklığını içine çekti. Bulut büyüdü ve ağırlaştı, tatlı bir meltem onu köyünün üzerine taşıdı. Pedro'nun yuvasını özleyen yüreği bulutun merkezinde, dingin bir bahar yağmuru Nehrin Kutsadığı Köy'ün üzerine yağdı. Taze göz yaşları kadar ılık yağmur damlaları toprağa düşüp donuk ne varsa eritti, kuru ne varsa canlandırdı.

Pedro evine döndüğünde Maria ancak uyanıyordu. Yanına oturup yüzünü okşadı, "iyi haberlerim var, o kadar iyi ki, göz yaşla-

"I have good news, so good you might cry!" When Maria heard what had happened, she did cry tears of relief in his embrace. Pedro kissed his wife on her waters.

Pedro Nascilero never asked a blessed river to stop flowing, ever again.

Born and raised in Istanbul, Yaprak currently lives in New York City where she enjoys acting and writing.

rını tutamazsın!" Maria olanları duyunca içinin rahatlamasıyla kocasının kollarında ağladı. Pedro karısını yaşlarından öptü.

Ve Pedro Nascilero bir daha asla kutlu bir nehre akma demedi.

İstanbul'da doğan ve büyüyen Yaprak halihazırda sahne almaktan ve yazmaktan keyif aldığı New York'ta yaşıyor.

Homeless Love

By Yaqeen Ul Haq Ahmad Sikander

Autumn brought you to me,
Like the whirling leaves of a maple tree

The Sun rose from my heart,
The soul's dawn after dusk, a new start

You were my shining sun after rain
My love for you wasn't in vain

You shared everything first with me
How easily did that love flee?

Your warm embrace I called my home
Your separation left my heart stray to roam

The winter brought a cold spell
It snatched your presence, left me unwell

You traded my heart for someone else
Listen to the voice of your soul, what it tells

You kept going on, never looking back,
Should have spared my heart that I now lack

Spring then arrived with full bloom,
It brought me nothing but gloom

YUVASIZ AŞK

Yakin ül Hak Ahmet İskender
Çeviri: Nilay Iğdır

Seni bana sonbahar getirdi
Akçaağacın düşen yaprakları gibi

Güneş kalbimden yükseldi, şafak söktü ruhumda
Alacakaranlıktan sonra, yeni başlangıç

Yağmurdan sonra parlayan güneşimdin benim
Boşuna değildi sana olan sevgim

İlk benimle paylaştın sen her şeyi
Bu aşk böyle kolay mı çekip gidecekti

Beni kucaklayan kollarını yuvam bildim
Yokluğunda başıboş, aylak kaldı yüreğim

Kış soğuk bir nöbetle kapımı çaldı
Seni benden kaptı, beni dermansız bıraktı

Kalbimi verip başkasını aldın yerine
Ruhunun sesini dinle, neler söylüyor sana

Çekip gittin yoluna, ardına bile bakmadan
Giderken bari, kalbimi bana bıraksaydın

Sonra ilkbahar geldi, bütün çiçekler ile
Bana getirdiğiyse; yokluk, kasvet elele.

The sun doesn't rise for me anymore
It is buried in my heart, the one you tore

Then came summer
A time to remember

Your curly tresses and eyes so deep
Those thin fingers that cuddled me to sleep

I miss my name on your lips
The way you kissed my fingertips

In everything I miss your presence
You too I hope, in some things, miss my essence

You live in everything I touch
I did my best, maybe it wasn't much

I tried to find in others your face
In each face all I see is your trace

I shall protest by the gates of heaven
Outside the doors whose number is seven

I refuse to go beyond without my Eden
In your absence, even paradise to me is forbidden

I don't need death and deeds to enter Paradise
In my heart I carry you, little did you realise

Güneş doğmuyor artık benim yüzüme
Gömüldü paramparça ettiğin kalbime

Sonra da yaz geldi
Unutulmaz bir mevsimdi

Kıvırcık saçların ve o derin gözlerin
Beni sarıp uyutan incecik parmakların

Dudakların anmıyor artık adımı
Nefesin öpmüyor parmak uçlarımı

Her şeyde senin varlığına hasret bu can
Dilerim sen de beni özlersin zaman zaman

Dokuduğum her şeyde seni yaşarım
Elimden geleni yaptım, belki yetmedi çabalarım

Senin yüzünü başkalarında aradım durdum
Başka yüzlerde ancak senden küçük izler buldum

Cennetin kapılarında isyan edeceğim
O yedi kapı ki önlerinde dikileceğim

Sen cennet bahçemsin, sensiz girmem içeriye
Senin yokluğunda haramdır bana cennet bile

Cennete girmek için ne amel gerek ne ölüm bana
Ben kalbimde seni taşırım, sen hiç anlamadın ama

Some distant birds only come by and fly
They go back home, far in the sky

Our story never ended, it just stopped along the way
Not every shipwrecked gets anchored to the bay

Either you were the wrong person
Or it was just my heart's coercion

Either you are late to realize
Or I was early to idolize

From known to unknown, lovers to strangers
From us to me and we to I – countless misadventures

You were the 'Sheherzade' who in me scattered
A thousand and one tales that you once inspired

Recluse while Writing, Euphoric while Adventuring. Gentleman on the Streets, Criminal between the Sheets (paper, of course). Learning Turkish, Writing English, Reading Rumi, Thinking Philosophy, Listening to my Inner-call & Speaking my Heart. Hopeless Romantic, Wandering Traveller, Urban Monk, Lumbersexual. Always confused Rats with Mice.

So, what do I do? Whatever it takes!

Well, other than the above rant, I am a Counselling Psychologist living in Istanbul, Turkey. I was born and raised in Kashmir, India. Graduating from the International Islamic University Malaysia majoring in Psychology with a Theology minor, fate brought me to the straits of Bosphorus.I run a non-profit for Refugee Education & Youth Empowerment called 'Inspire ME Global' in India and whenever life is too much, I pack my rucksack and go camping in the lap of nature to tell stories that life taught me over time.

Ufukta tek tük kuşlar süzülerek uçar gelir
Yuvalarına döner sonra, gökyüzünden silinir

Bizim hikayemiz hiç bitmedi, sadece mola verdi
Körfeze demirlenmez kaza geçiren her gemi

Ya sen yanlış insandın bana
Ya da kalbim beni zorladı sana

Ya sensin geç uyanan
Ya da bendim erken ilahlaştıran

Malumdan meçhule, aşıklardan yabancılara
İkimizden kendime ve bizden bana - sayamadım kaç kaza

Şehrazat'tın sen, içime saçtın satırlarını
Sen yazdırdın binbirgece masallarını

Yazarken Münzevi, Macera peşindeyken Bahtiyar. Sokakta Beyefendi, Yatakta pardon Kağıt Üzerinde Suçlu. Türkçe Öğreniyor, İngilizce Yazıyor, Rumi okuyor. Felsefe Düşünüyor, İç Sesini Dinliyor, Gönülden Konuşuyor. Umarsız Romantik, Avare Gezgin, Kent Keşişi, Seksi Delikanlı. Sıçanla Fareyi hep karıştırmışımdır.

Ne mi yapıyorum? Ne olursa!

Lâkırdıyı bir kenara bırakırsak, İstanbul'da yaşayan bir danışman psikoloğum. Hindistan'ın Kaşmir bölgesinde doğup büyüdüm. Malezya Uluslararası İslam Üniversitesi'nde Psikoloji anadal ve İlahiyat yandal programlarını bitirdim. Kader beni Boğaz'a getirdi. Hindistan'da kâr amacı gütmeyen 'Inspire ME Global' adlı Mülteci Eğitimi & Gençleri Güçlendirme programı yürütüyorum. Hayat üzerime çok geldiğinde sırt çantamı kapıp doğanın kucağında kampa gidiyor, hayatın bana zamanla öğrettiği hikayeleri anlatıyorum.

MEMED, MY HAWK BY YAŞAR KEMAL

By Erica Eller

I have a slight superstition that your life will lead you to the books you need to read. It's a bit like saying: "everything that happens happens for a reason." Perhaps it is no coincidence that I "discovered" Yaşar Kemal's work, considering he was a contender for the Nobel Prize for many years and his first novel, *Memed, My Hawk (İnce Memed)*, is an international sensation, having been translated into 40 different languages with over 1.2 million copies sold. His books are an obvious choice for readers of Turkish literature in English. Yet, I didn't know anything about him in the beginning when it was just me, Memed, and the Çukurova Plains of his *İnce Memed* series (I accidentally started by reading the sequel first). His books gave me a portal out of the cosmopolitan banality of Istanbul. I felt transported back to my rural upbringings in Eastern Washington and my father's history of agrarian hooliganism. Yaşar Kemal's books, containing supernatural feats of courage and resilience, felt strangely akin to the myths of the American West in which all great heroes ride off into the sunset, not far from how *Memed, My Hawk* ends.

The life of Yaşar Kemal was as fascinating as the plots of his books. It contained the same elements of hardship, vigilantism, true love and poetry. He grew up in the region where most of his novels are set – near the Taurus Mountains (close to Adana). His family, some of the only Kurds in his village, had emigrated from their home near Lake Van after the Russian occupation following World War I. When he was five years old, he lost sight in one of his eyes because of an accident with a knife – his father to blame. A year later, his father was murdered by his uncle in a mosque. His mother felt that Kemal should avenge his father's death by murdering his uncle, though he never fulfilled her wish. She inspired his passion for banditry, thanks to the tales she told from her family. As a young bard *(aşık Kemal)*, he had no use for written language and spent time composing and reciting epics, laments, and ballads according to Anatolian folkloric tradition.

İNCE MEMED, YAŞAR KEMAL

Erica Eller
Çeviri: Merve Pehlivan

Hayatın bizi okumamız gereken kitaplara yönlendireceğine dair ufak bir batıl inancım var. "Olup biten her şeyin bir sebebi vardır." demek gibi bir şey bu. Kim bilir, belki de Yaşar Kemal'in eserlerini bir tesadüf eseri "keşfetmemişimdir." Zira kendisi defalarca Nobel ödülüne aday gösterilmiş, ilk romanı İnce Memed'in kırktan fazla dile çevrilip 1.2 milyon adet satışa ulaşmasıyla dünya çapında yankı uyandırmış bir yazar. Yaşar Kemal'in kitapları Türk edebiyatını İngilizce okuyanlar için şaşırtıcı olmayan bir tercih. Ancak İnce Memed dörtlüsünü okumaya başladığımda (kazara seriye ikinci kitaptan başlamıştım) Memed ve Çukurova ovasıyla baş başa kaldığım vakit, yazar hakkında hiçbir şey bilmiyordum. Bu kitaplar İstanbul'un kozmopolit sıradanlığından uzaklaşabileceğim bir çıkış kapısı sundu bana. Doğu Washington'ın kırsal kesiminde yetiştiğim döneme, babamın taşrada serserilik yaptığı eski zamanlara gidiverdim. İnce Memed'in sonunu andıran biçimde bütün şanlı kahramanların günbatımına doğru yol aldığı Amerikan Batı efsaneleriyle Yaşar Kemal'in doğaüstü yiğitlik ve direnç sahneleri barındıran kitapları arasında şaşılası bir benzerlik olduğunu hissettim.

Yaşar Kemal, en az kitaplarındaki olaylar silsilesi kadar büyüleyici bir hayat yaşadı. Tıpkı eserlerine yansıttığı gibi meşakkat, kanun tanımaz adalet arayışı, gerçek aşk ve şiir vardı hayatında. Romanlarının büyük bir kısmının geçtiği, Adana civarındaki Toros Dağları'na yakın bir yerde büyüdü. Köyün tek tük Kürt sakinlerinden olan ailesi, Birinci Dünya Savaşı'nı takiben Rusların işgali ertesinde Van Gölü yakınlarındaki evlerinden buraya göç etmişti. Beş yaşındayken, babasının mesul olduğu bir bıçak kazasıyla gözlerinden birini kaybetti. Bir yıl sonra babası camide amcası tarafından öldürüldü. Yaşar'ın annesi ondan amcasını öldürerek babasının intikamını almasını istedi, ancak bu dileği hiçbir zaman gerçekleşmedi. Ailesine dair anlattığı hikayelerle oğlunun eşkıyalığa yönelik tutkusunu alevlendirdi. Gençliğinde yazı diliyle hiç arası olmayan "âşık Kemal", zamanını Anadolu halk kültürü geleneğinden beslenen efsaneler, ağıtlar ve şiir-

Later, he would learn to read and write, which gave him exposure to the classic authors whom he cites as his favourites: Stendhal, Cervantes, and Chekov. He held a number of odd jobs before writing became his profession. He transcribed letters for illiterate people and also laboured in the cotton fields and became involved in political organisations that supported the workers. This led him to be sent to jail a few times before eventually, he escaped to Istanbul in 1950 and took up a post at *Cumhuriyet,* where his journalistic writing became famous. In 1952, he married his first wife, Thilda Serror, who would translate many of his works into English until her death in 2001. Shortly after meeting her, he sat down to write his first novel and most famous work – *Memed, My Hawk*, published in 1955. It is well known that his early life profoundly influenced this novel.

Memed, My Hawk, is the story of what Yaşar Kemal calls a 'committed rebel' in his Introduction. This kind of rebel is a representative of impoverished people who wish to overcome oppression and one who gains his reputation by revealing an uncanny will to survive and to fight for justice.

The opening chapter starts with a description of the land. Ample attention is given to the thistles, characteristic of the region. "The thistles do not grow in groups of two or three. They sprout so thick, so close together, that a snake would not be able to slip through them". The thistles are a significant image throughout the novel because they grow on land that can be sown for agricultural purposes. The following chapter alights into the drama of Memed, one of the poor farmers working on the land of a sharecropping landowner. By placing his life in relief of the landscape, we start to understand the tortured love affair between man and nature that fuels the novel.

When Memed appears in the novel, he is a mangled, wiry figure seeking refuge at the goatherd Suleyman's home. We later learn that he is an orphan whose growth was stunted because he has been beaten by Abdi Agha (*ağa*) his overlord and mortal enemy. The bulk of the plot involves Abdi's cruel attempts to trace down Memed and return him to servitude as a labourer on Abdi's land. He nearly starves Memed and his mother and steals her cow in an attempt to lure him back. Meanwhile, Memed remains transfixed by the vision of owning his own piece of land and this dream continues to push him out of bounds – to join bandits, to elope

ler yazmaya ve bunları ezberden okumaya harcardı. Sonraları okuma yazmayı öğrendi ve böylece en sevdiği klasik yazarlarla, yani Stendhal, Cervantes ve Chekov'la tanıştı. Yazmayı meslek edinene kadar tuhaf birkaç işle uğraştı. Okuma yazması olmayanlar için arzuhalcilik yaptı, çeltik tarlalarında çalıştı, işçileri destekleyen siyasi örgütlere katıldı. Bu örgütlerle olan ilişkileri nedeniyle birkaç kez hapis yattı. Nihayet 1950 yılında İstanbul'a kaçarak *Cumhuriyet*'te çalışmaya başladı ve gazetecilik faaliyetleriyle ün kazandı. 1952 yılında, 2001'de vefat edene dek pek çok eserini İngilizceye çevirecek olan ilk eşi Thilda Serror'la evlendi. Serror'la tanıştıktan kısa bir süre sonra 1955 yılında basılan ilk romanı ve en meşhur eseri İnce Memed'i yazmaya başladı. Hayatının ilk dönemlerinin romana bir hayli aksettiği iyi bilinen bir gerçektir.

İnce Memed yazarın önsözde ifade ettiği gibi başkaldırmaya 'mecbur adamın' öyküsüdür. Zulme karşı galip gelmeyi arzu eden yoksul insanları temsil eden bu mecbur adam, hayatta kalma ve adalet mücadelesi uğruna gösterdiği iradeyle nam salar.

Kitabın birinci bölümü, romana konu toprakların tasviriyle başlar. Yazar bölgeye özgü bitkilerden çakırdikenine epeyce yer verir. "Çakırdikeni bittiği yerde bir iki, üç dört tane bitmez. Öyle üst üste, öyle sık biter ki arasından yılan geçemez." Ekim yapılabilecek topraklar üzerinde yetişen çakırdikeni, bu nedenle romanın tamamında önem arz edecek bir imgeye dönüşür. Bir sonraki bölümde, toprak ağasının tarlalarını süren yoksul çiftçilerden Memed'in dramı başlar. Memed'in hayatına onu saran tabiatın penceresinden baktığımız vakit romanı besleyen, insanla doğa arasındaki eziyetli sevdayı anlamaya başlarız.

Memed, çoban Süleyman'ın evine sığınan ezik, sıska biri olarak karşımıza çıkar ilkin. Sonrasında yetim olduğunu, ağası ve can düşmanı Abdi'nin dayakları yüzünden büyüyüp serpilemediğini öğreniriz. Olay örgüsünün büyük bir kısmı, Memed'in peşine düşüp onu topraklarında çalıştırarak köleliğe döndürmek isteyen Abdi'nin zalim teşebbüsleriyle şekillenir. Abdi Memed'le annesi Döne'yi neredeyse öldürecek kadar aç bırakır; Döne de çaresiz, ineğini ve buzağısını ağaya satmak zorunda kalır. Memed ise kendi toprağının sahibi olma hayaline tutunmaya, bu hayalle birlikte sınırları zorlamaya devam eder. Eşkıyalara karışır; Abdi'nin yeğeniyle nişanlı olan gerçek aşkı Hatçe'yi kaçırır,

with his true love Hatçe (who is engaged to Abdi's nephew), to murder anyone who is sent by Abdi to hunt him down, and to escape to the hills. He becomes the villagers' hero because he is able to miraculously ward off Abdi and maintain his moral compass while others are murdered or drawn into the corruption of banditry. Though he makes small gains and incurs dreadful losses throughout the story, his power of dreaming remains intact – just as intact as Abdi's efforts to destroy it.

The dreams that inspire righteousness in the novel pertain to a life of harmony with nature, true love, and a community in which individuals can fully realise their dreams. The language of the novel is steeped in rich descriptions of nature, poetic interludes and dilatory narration. In this narrative style, Kemal often suspends the main action for rich descriptive set pieces that ornament the world of the Taurus Mountain region. Throughout the novel, we receive supplementary details about the history of forced nomadic settlement or the means of tilling the land by burning the thick roots of the thistle that carpets the plains. Set in the 1930s, the novel portrays a world undergoing a dramatic shift into modernisation from a rural purview. The epic narration is expanded to embrace the stories of peripheral characters, which often give realistic alternatives to Memed's supernatural heroism. A grasp of their lives, along with the changes wrought by commercial farming sponsored by a new Republic, helps to inform us about this historical depth and conviction of Memed's plight.

The fact that the novel has been listed in the same breath as *Robin Hood*, or the *Illiad* attests to its classic, legendary quality, but its novelistic setting gives Kemal the freedom to pursue secondary themes with rich detail. According to Semih Gümüş, a writer and book critic, "Kemal had taken the tradition of folk literature and converted it into the contemporary novel." Though it is unfortunately lost upon an English-speaking audience, his work is especially beloved by those who are familiar with the colloquial language he employs.It was one of the first examples of the "Village Novel" genre that has inspired many Turkish authors since. It also holds an important place in contemporary Turkish literature as it was published just decades after the language reform, which forced authors to expose the contours of their national tongue in creative ways.

Abdi'nin onu bulmak için peşine taktığı herkesi katleder, dağlara kaçar. Köylülerin gözünde bir kahramana dönüşür Memed. Zira o mucizevi bir şekilde Abdi'yi başından def ettiğinde ahlakından ödün vermezken, diğerleri ya öldürülür, ya da eşkıyalık yaparken yozlaşır. Roman boyunca ufak tefek kazançlar elde etmiş ve korkunç kayıplara yol açmış olsa da, Memed'in hayal etme gücü en az Abdi'nin bu hayali mahvetme gücü kadar sağlam kalır.

Romanda erdemli davranışı teşvik eden hayaller doğanın, gerçek aşkın ve bireylerin tam manasıyla hayallerine kavuşabileceği bir toplumun ahenkle var olduğu bir hayata yöneliktir. Romanın dili zengin doğa tasvirleri, araya serpiştirilen mısralar ve ağırdan alan bir anlatıdan beslenir. Kemal'in anlatı üslubu sıklıkla esas olayları askıya alarak Toros Dağları bölgesini süsleyen yoğun tasvirlere yer verir. Roman boyunca yörük olmaya mecbur kalmış insanların tarihçesine ya da ovaları kaplayan çakırdikeninin kalın köklerinin yakılmasıyla toprağın nasıl sürüldüğüne dair ayrıntıları da okuruz. 1930'larda geçen roman kırsal yaşamdan modernliğe doğru esaslı bir değişime uğrayan bir dünyayı yansıtır. Kitaptaki destansı anlatı, genellikle Memed'in doğaüstü kahramanlığına karşı gerçekçi alternatifler sunan yan karakterlerin öykülerini de kapsayacak kadar genişler. Yeni kurulan Cumhuriyet'in desteklediği ticari çiftçilikle birlikte hayatları da değişen bu karakterlerin sahneleri, Memed'in kendini mücadelesine nasıl adadığına ve bu mücadelenin tarihsel derinliğine ışık tutar.

İnce Memed klasik, destansı nitelikleriyle *Robin Hood* veya *İlyada*'yla birlikte anılır. Ancak roman kurgusu Yaşar Kemal'e ikincil konuları da son derece derinlikli biçimde ele almasını sağlayan bir özgürlük tanımıştır. Yazar ve eleştirmen Semih Gümüş'ün ifadesiyle, "Yaşar Kemal halk edebiyatı geleneğini alıp çağdaş romana dönüştürmüştür." İngilizce okurların ne yazık ki mahrum kaldığı bir şey var. Yaşar Kemal'in kitaplarını bilhassa bu eserlere yansıyan günlük konuşma diline aşina olanlar seviyor. Kendinden sonra pek çok yazara ilham olan "Köy Romanının" ilk örneklerinden biriydi İnce Memed. Ayrıca, yazarları ana dilin sınırlarını yaratıcı biçimde zorlamaya iten dil devriminden yalnızca yirmi yıl kadar sonra yayınlandığı için, çağdaş Türk edebiyatında önemli bir yer tutar.

Reading Memed, My Hawkwas a pleasure. Since reading it, I wholeheartedly agree with Kemal's own statement that "banditry enhanced my life."

References:

Halman, Talat S.*A Millennium of Turkish Literature (A Concise History).* Ed. Jayne L. Warner. Republic of Turkey Ministry of Culture and Tourism Handbook Series. 167-168.

Hoffman, Marc Edward. 2010. "As Big as Mount Ararat."*Nation291, no. 2: 25. MasterFILE Complete, EBSCO*host (accessed June 6, 2017).

Tharaud, Barry. 2012. "Yaşar Kemal, Son of Homer." Texas Studies In Literature & Language 54, no. 4: 563-590. Academic Search Complete, EBSCOhost (accessed June 6, 2017).

Zalewski, Piotr. 2015. "His Own Çukurova." Nation 300, no. 20: 32-34. Academic Search Complete, EBSCOhost (accessed June 6, 2017).

Erica Eller is a writer and editor from the United States, living in Istanbul. She's been living in Istanbul so long that she now fuels her writing with çay instead of coffee.

www.ericaeller.com

İnce Memed'i okumak bir zevkti. Kitabı bitirdiğimden beri, Yaşar Kemal'in "eşkıyalık hayatımı renklendirdi" sözlerine kalben katılıyorum.

Kaynakça:

Halman, Talat S. *A Millennium of Turkish Literature (A Concise History)*. Ed. Jayne L. Warner. Republic of Turkey Ministry of Culture and Tourism Handbook Series. 167-168.

Hoffman, Marc Edward. 2010. "As Big as Mount Ararat." *Nation* 291, no. 2: 25. MasterFILE Complete, EBSCOhost (son ziyaret tarihi: 6 Haziran 2017).

Tharaud, Barry. 2012. "Yaşar Kemal, Son of Homer." Texas Studies In Literature & Language 54, no. 4: 563-590. Academic Search Complete, EBSCOhost (son ziyaret tarihi: 6 Haziran 2017).

Zalewski, Piotr. 2015. "His Own Çukurova." Nation 300, no. 20: 32-34. Academic Search Complete, EBSCOhost (son ziyaret tarihi: 6 Haziran 2017).

Erica Eller, İstanbul'da yaşayan ABD'li yazar ve editör. Öyle uzun süredir İstanbul'da yaşıyor ki, artık yazı yazarken kahveden değil, çaydan güç alıyor.

www.ericaeller.com

A Candle that Knows It Won't See the Day

By Thomas Parker

Every star was once born of an initial spark
And will eventually flicker and fade away.
Were it not for the certainity of the next day
Men would lament and despair in the dark.
The lion knows he'll no longer be the monarch
Yet, like a candle that knows it won't see the day
He flares one last time before he fades away.
Man though, facing a flood, feebly prays for an arc.

Instead, until your inner light blazes amidst the gloom
Brighter than even Baghdad being razed, to it tend.
Seven centuries ago, man saw in those flames the end.
Don't be so sure of death; that you're in the tomb
When you have no way to know the dark isn't a womb
Don't be confident of the world's end till it is the end.

Thomas Parker is a Muslim-American poet, writer and translator from Texas. He, in addition to translating from Turkish and Arabic, also writes, mostly, but not exclusively, poetry in his native tongue of English. He is the co-founder and poetry editor of The Bosphorus Review of Books and is currently working very slowly on a debut novel.

GÜN GÖRMEYECEĞİNİ BİLEN MUM

Thomas Parker
Çeviri: Elif Koç

Her yıldız vaktiyle küçük bir kıvılcım idi
Sonunda sönüp yok olacak diğerleri gibi.
Yarın güneşin doğacağını adı gibi bilmeseydi
İnsan karanlıkta ağlayarak ümitsizliğe düşerdi.
Aslan artık kral olmayacağını bilse de,
Gün görmeyeceğini bilen mum gibi
Son bir kez kükreyip alevlenir sönmeden önce,
Oysa insan dua eder karşısında bir selin
Sulardan kurtaracak bir köprü bulmak için.

Karanlıkta parlayana dek ışığı yüreğinin,
Bağdat'ı ezip geçen alevlerden bile daha parlak, daha aydınlık.
Ki yedi asır önce insanoğlu sonu görmüştü içinde o alevlerin.
Ölümün geldiğinden, mezara girdiğinden hiç olma emin,
Bilmek ne mümkün, o karanlık belki bir rahim!
Dünyanın sonu gelmeden sonu geldi demeyin.

Thomas Parker Teksas eyaletinde doğup büyüyen Amerikalı Müslüman şair, yazar ve çevirmen. İngilizce şiir yazıyor ve Türkçe ve Arapça'dan çeviri yapıyor. Bosphorus Review of Books dergisinin kurucu ortağı ve şiir editörü olan Parker, halihazırda ilk romanını yazıyor.

The Man Who Watched Trains Go By Georges Simenon

By Alptekin Uzel

Translated From Turkish By Erica Eller

"People say that what we're all seeking is a meaning for life. I don't think that's what we're really seeking. I think that what we're seeking is an experience of being alive, so that our life experiences on the purely physical plane will have resonances with our own innermost being and reality, so that we actually feel the rapture of being alive."
--Joseph Campbell, *Power of Myth*

In recent years, George Simenon has been brought to the forefront of literature in Turkey with his novels being republished. If these translations are attracting more attention for Turkish readers, it is due, in part, to their having been translated by the most significant classic names from Turkish literature. Names such as Sait Faik, Oktay Rıfat and Nurullah Ataç are among these. In the Turkish literature of the early republic period, the importance of a French influence is well known, so, of course, it is not surprising that quite a lot of authors had enough of a command of the language to translate from French. To have a pulp literature crime novelist like Simenon named among these translations is a bit perplexing. On the other hand, this situation has resulted in the attraction of readers' attention.

Although *The Man who Watched Trains go By* (*L'Homme qui regardait passer les trains,* re-titled by Sait Faik as *Yaşamak Hırsı*, or *The Passion to Live*), is not one of Simenon's most well known novels that feature police detective character Inspector Maigret's adventures, it is one of his most famous. Because it is Sait Faik's translation and given that Sait Faik would go on to create the character found in the story of *Lüzumsuz Adam* (*A Useless Man*), which is claimed to have been influenced by Simenon's oeuvre, I've started with this novel. It's not only a classic crime novel containing unexpected events following each other, but it is also a novel that portrays the depth of a certain character throughout.

Also having been adapted to a film in the 1950s, it tells the story of a Dutchman, Kees Popinga. Middle aged Popinga is a

GEORGES SIMENON - YAŞAMAK HIRSI

Alptekin Uzel

"Hepimizin hayatın anlamını aradığı söylenir. Gerçekten aradığımız şeyin bu olduğunu düşünmüyorum. Bence yaşadığımızı hissettiren deneyimlerin peşindeyiz; yalnızca fiziksel düzlemdeki hayat deneyimlerimiz benliğimizin en derinlerinde, en derin gerçekliğimizde yankılansın, böylelikle yaşıyor olmanın sarhoşluğuna varalım diye." Joseph Campbell - Mitolojinin Gücü

Georges Simenon son yıllarda Türkiye'de yeniden basılan romanları ile edebiyat gündeminde öne çıktı. Türkiyeli okurlar için bu çevirileri daha da ilgi çekici yapan ise bir kısmının Türk edebiyatının en önemli klasik isimleri tarafından çevrilmiş olması. Sait Faik, Oktay Rıfat ve Nurullah Ataç gibi isimler bunlardan birkaçı. Erken cumhuriyet dönemi Türk edebiyatında Fransız etkisinin önemi bilinir olduğundan pek çok yazarın Fransızcaya çeviri yapabilecek kadar hakim olması elbette şaşırtıcı değil. Ancak bu çevirilerdeki ortak ismin, Simenon gibi hafif edebiyattan sayılan bir polisiye/suç romanları yazarı olması biraz kafa karıştırıcı. Diğer taraftan tam da böyle olması yazara olan ilgiyi kışkırtıcı bir durum.

Yaşamak Hırsı Simenon'un polis dedektifi ünlü karakteri Komiser Maigret'nin bir macerası olmasa da yazarın en bilinen romanlarından. Sait Faik'in çevirisi olduğu için ve Sait Faik'in sonrasında yazacağı Lüzumsuz Adam öyküsündeki karakteri de etkilediği iddia edildiğinden Simenon külliyatına ilk bu kitaptan başladım. Ve beklenmedik olayların birbirini takip ettiği klasik bir suç romanı olduğu kadar bir karakter incelemesi olduğunu da gördüm.

1950'lerde filme de uyarlanan bu roman Hollandalı Kees Popinga'nın hikayesini anlatıyor. Popinga orta yaşlarında küçük burjuva hayatı süren alelade bir adam. Hollanda'nın ufak bir liman

mundane man living a petit bourgeois life. In a small port town in Holland. He is the assistant manager of a firm involved in shipping. He has a routine life with two children and a wife. If you passed him on the street, he is one of those men who'd seem functional in life and who wouldn't surprise you.

The novel has a surprising opening. For the reader, in a casual speaking manner, the narrator draws attention to how unaware Popinga is of the anticipated adventure ahead, himself. After that, he describes, as if with a magnifying glass, the lethargic and uneventful evening following this wealthy family's dinner. It is the book's most slowly trickling and detail laden section.

Then everything starts with Popinga's decision to leave, in the free evening hours, to check on things at the port. When he goes, he learns that their work has been interrupted and a large delivery has not materialised. He runs to find the boss, but he's not around. He encounters him in a notorious public house. It's hardly believable. But this honourable boss has been an imposter from the start. He has brought everything to ruin and now he is also planning to escape. With his head reeling and without knowing what to do, Popinga eventually returns home. In the wake of that nightmarish night, he discovers that boss did actually disappear. After this point, as Popinga foresees his life being dragged down with his sinking business, he decides to flee.

Having always watched the trains longingly, he jumps on one of the passing trains and runs away from his family, his routine, and his old personality by first going to Amsterdam and then to Paris:

*"I was bored for forty years. For forty years of my life, I had my nose glued to the window of the pastry shop, I looked at the desserts that the others ate like a drooling boy. But now I know that the ones who deserved those cakes are the ones who went through the trouble to get them."**

After this, it is the story of how a man coming from mundanity "among us" slowly enters into the crime of the dark world.

It is a tough job to categorise Simenon's narratives and to reveal their dominant factors. This is because it is the question of an extremely productive writer who wrote close to four hundred

* This quote has been retranslated into English from Sait Faik's Turkish translation of the original: "Kırk sene canım sıkıldı. Kırk sene hayata bir pastanenin camekanına burnunu yapıştırmış, başkalarının yediği pastalara ağzının suyu akan bir oğlan çocuğu gibi baktım. Ama şimdi pastaların onları almak zahmetine katlananların hakkı olduğunu biliyorum."

şehrinde gemicilikle ilgili bir firmanın müdür yardımcısı. Karısı ve iki çocuğu ile rutin bir yaşamı var. İşe yarar gözüken ve sizi şaşırtmayan adamlardan birisi. Romanın şaşırtıcı bir açılışı var. Okuyucu ile senli benli tavırda konuşan anlatıcı Popinga'nın kendisini ileride bekleyen maceradan nasıl da habersiz olduğuna dikkat çekiyor. Sonra da adeta büyüteç ile bu varlıklı ailenin akşam yemeği sonrasındaki uyuşuk ve olaysız akşamını tasvir ediyor. Burası kitabın en yavaş akan ve detaylı işlenmiş bölüm. Ama her şey Popinga'nın limandaki işlerini kontrol etmek için akşam vakti dışarı çıkmaya karar vermesiyle başlıyor. Gittiğinde işlerin sekteye uğradığını ve büyük sevkiyatların gerçekleşmediğini öğreniyor. Koşup patronu bulacak ama yok. Ona şehrin kötü şöhretli bir meyhanesinde rastlıyor. İnanılacak gibi değil. Ama o saygıdeğer patronu baştan beri sahtekarın tekiymiş, bütün işleri de batırmış ve şimdi de kaçıp gidiyor. Başı dönen ve ne yapacağını bilemeyen Popinga sonunda eve dönüyor. Ama patronu da o kabus gibi gecenin ardından gerçekten ortadan kayboluyor. Bu noktadan sonra Popinga batan şirket ile birlikte hayatının da çözülüp gideceğini sezerek kaçmaya karar veriyor. Hep izleyip iç geçirdiği trenlerden birine atlayıp ailesinden, rutininden, eski benliğinden kaçıp önce Amsterdam'a sonra da Paris'e gidiyor:

"Kırk sene canım sıkıldı. Kırk sene hayata bir pastanenin camekanına burnunu yapıştırmış, başkalarının yediği pastalara ağzının suyu akan bir oğlan çocuğu gibi baktım. Ama şimdi pastaların onları almak zahmetine katlananların hakkı olduğunu biliyorum."[*]

Bundan sonrası ise alelade "içimizden" bir adamın suçun karanlık dünyasına yavaş yavaş girmesinin hikayesi.

Simenon anlatılarını kategorize edip ondaki baskın öğeleri ortaya çıkarabilmek güç bir iş. Çünkü dört yüze yakın eser vermiş aşırı üretken bir yazar söz konusu. Yine de okuyabildiğim ve inceleyebildiğim kadarıyla sıradan adamın/kadının suça batışının

[*] This quote has been retranslated into English from Sait Faik's Turkish translation of the original: "Kırk sene canım sıkıldı. Kırk sene hayata bir pastanenin camekanına burnunu yapıştırmış, başkalarının yediği pastalara ağzının suyu akan bir oğlan çocuğu gibi baktım. Ama şimdi pastaların onları almak zahmetine katlananların hakkı olduğunu biliyorum."

works. Insofar as I could read and analyse again, I can say that the common man's or woman's descent to crime is one of Simenon's beloved themes. While telling of the slow formation of a criminal mind and its eventually taking action, the backdrop is usually Europe at the end of the war. The places in his stories are generally France and if it's like this book, then we often face The Netherlands as well. The setting of Western Europe continues as though idling, free from political/economic turmoil. As for the foreground, it generally involves middle class people whose identities are determined by their economic class.

Throughout the book, we follow the ideas of the society and experts on Popinga with news extracts relating to "Dutch Murderer Popinga" coming out in newspapers. Here, we can also see more easily the central theme that the book has taken. Without anyone being maniacal or mentally ill, how could a man become a fugitive from society and a criminal? Popinga says in his own words that in spite of everything, he sees himself as a normal person (of course, he's the novel's protagonist, but still). However, his actions tell us another thing. Who are we to believe in this situation?

In a book titled, *Delilik Nedir?* (*What is Madness?),* Darian Leader discusses a category that is generally ignored. And this is "Silent Madness." In brief, it is a madness that is not actualised, but it remains potential. It hasn't yet erupted. In practice, it actualises but it only dribbles like slowly leaking water;it is to an insignificant degree. It falls on deaf ears to society and those around the person. These individuals also succeed in hiding this in a crowd. It has been suggested that people can lead normal lives and still go crazy without technically going crazy; at least this is the perspective of mental health professionals. The close-up scene at the beginning of the novel, which portrayed family life in the home all but lends itself to searching for the signs of this "Silent Madness." Can we trace the decision-making mechanisms in the transformation to the dark world into which Popinga is about to fall in his immediate future? Where did the fissure start? Not much of a trace can be seen.

But the fact that we can't see anything is also significant. This quote of John Cheever elucidates why we couldn't see a thing:

"When the beginnings of self-destruction enter the heart, it

Simenon'un sevdiği bir tema olduğunu söyleyebilirim. Suçlu bilincinin yavaş yavaş oluşması ve nihayetinde eyleme geçmesini anlatırken geri planda genelde savaş sonrasının Avrupası oluyor. Hikayelerindeki yerler genelde Fransa'da olsa da bu kitapta olduğu gibi Hollanda da sık karşımıza çıkıyor. Batı Avrupa siyasi/ekonomik çalkantılarından azade durağan bir sahne olarak mevcudiyetine devam eder. Ön planda ise genelde sınıfsal aidiyetlerinin belirleyici olduğu alışıldık orta sınıf insanlar yer alır.

Kitap boyunca gazetelerde çıkan "Hollanda Canisi Popinga" ile ilgili haber küpürleri ile toplumun ve uzmanların Popinga üzerine olan fikirlerini takip ediyoruz. Burada kitabın merkeze aldığı temasını da daha rahat görebiliyoruz. Manyak ya da akıl hastası olmadan da toplum kaçkını ve suçlu olunabilir mi? Popinga kendi ağzından kendini her şeye rağmen normal bir insan olarak gördüğünü söylüyor (Elbette bir roman kahramanı olarak, ama yine de). Ancak eylemleri bize başka bir şey söylüyor. Bu durumda kime inanmalıyız?

Darian Leader "Delilik Nedir?" adlı kitabında genelde göz ardı edilen bir kategoriden bahseder. O da "Suskun Delilik"tir. Kısaca aktüelize olmamış bir deliliğin bir potansiyel olarak yatmasıdır. Henüz infilak etmemiştir. Aslında aktüelize de olur ama bir çatlaktan sızan cılız bir su gibi önemsiz düzeydedir. Toplum ve yakın çevre tarafından görmezden gelinir. Birey de bunu saklamayı çoklukla başarır. Yani insanların delirmeden de deli olabileceğini ve normal hayatlar sürebileceğini savunulur, ruh sağlığı profesyonellerinin görüşü budur. Kitabın başındaki aile hayatına yakın plan bakılan ev içi sahnesi adeta bu "Suskun Delilik"in emarelerini aramaya yarar. Popinga'nın hemen yakın geleceğinde içine düşeceği karanlık dünyaya geçişindeki karar mekanizmalarının izini sürebilir miyiz? Çatlak nerede başladı? Pek bir şey göremeyiz. Ama görememiz de manidardır, şu John Cheever alıntısı bize niye bir şey göremediğimizi açıklar:

"İnsanın kendine zarar verme meyli kalbine ilk girdiği anda kum tanesi gibi gelir. Baş ağrısı, hafif bir hazımsızlık ya da parmakta iltihaptır. Ama sonra 8:20'yi kaçırır ve kredi kullandırma toplantısına geç kalırsınız. Öğle yemeğinde buluştuğunuz eski

seems no bigger than a grain of sand. It is a headache, a slight case of indigestion, an infected finger; but you miss the 8:20 and arrive late at the meeting on credit extensions. The old friend that you meet for lunch suddenly exhausts your patience and in an effort to be pleasant you drink three cocktails, but by now the day has lost its form, its sense and meaning. To try and restore some purpose and beauty to it you drink too many cocktails, you talk too much, you make a pass at somebody's wife and you end with doing something foolish and obscene and wish in the morning that you were dead. But when you try to trace back the way you came into this abyss all you find is a grain of sand." *(The Journals of John Cheever)*

While it is an eccentric crime story upon first impression, *Yaşamak Hırsı* is also a realistic novel in that it addresses everyone's occasional desire to run away. In the parts of the novel where Popinga tries to vanish without a trace from the police or just when he's living in the city that bores him, he hops from this bar to that bar in the aimless afternoons.You can find in him quite a bit of what we know about city people who are alone and a little depressed. But if you look more carefully, you'll even be able to identify the fissures of the man who spends time listlessly making himself comfortable surrounded by the contours of his home after dinner in the wintertime.

Alptekin Uzel is a writer and computer scientist living in Istanbul. His reviews are published in mediums like K24, Altyazı, Agos and Sol. He is currently submitting his first novel manuscript for publication.

arkadaşınız birdenbire sabrınızı taşırmıştır, halinizden memnun gözükmek için üç kokteyl devirirsiniz, ama artık günün şekli şemalı bozulmuş, anlamını kaybetmiştir. İçinde bulunduğunuz ana bir gaye ve güzellik katmak adına kokteylleri fazla kaçırırsınız, çok gevezelik edersiniz, birinin karısıyla flört edersiniz; sonra aptalca, ağza alınmaz bir şey yaparsınız ve ertesi sabah keşke ölsem dersiniz. Ama sizi bu dipsiz kuyuya getiren kaynağın izini sürmeye kalktığınızda, bulacağınız şey hepi topu bir kum tanesidir." *(The Journals of John Cheever)*

Yaşamak hırsı eksantrik bir suç öyküsü olmaktan çok hemen herkesin arada bir hissettiği kaçıp gitme arzusuna seslenen gerçekçi bir suç romanı. Popinga'nın Paris'te polise izini kaybettirmeye çalıştığı yerlerde ya da sırf can sıkıntısından şehirde o bardan bu bara zıpladığı amaçsız öğleden sonralarında şehirli, yalnız ve canı azcık sıkkın insanlara dair tanıdık pek çok şey bulabilirsiniz. Daha dikkatli bakarsanız kış vakti akşam yemeğinden sonra evinin tanıdık kıvrımları arasında uyuşukça kendini dinlendiren bir adamın çatlaklarını bile seçebilirsiniz.

Alptekin Uzel İstanbul'da yaşayan bir yazar ve bilişim uzmanı. Kritikleri K24, Altyazı, Agos ve Sol gibi medya ortamlarında yayınlandı. Halen ilk romanın tamamlamakla meşgul.

HUMANS ARE LIGHT

By Rüya Yönak
Translated by Thomas Parker

Humans are light
Fragile
Frail
Made of glass.
Their bodies bear heavy on their souls,
Made of mud
Filthy and sinful.
As they die, their bodies become heavier
With the space of their freed soul,
They become uncarriable.
Humans are light,
Light are their souls.
With all the anger and hate the body does carry.
And the mercy and love the soul does carry
Once it is released, its place is in the heavens
It cannot stay stuck in the clay.

Ruya is a freelance copywriter and blogger (ymagination.co.uk). She is originally from Istanbul, but moved to London four years ago and finished university there. She has been writing poetry since she was 7 and started writing in English in middle school. She likes to visualise and paint images with words and let her imagination take over.

İNSANLAR HAFİFTİR

Rüya Yönak

İnsanlar hafiftir
Kırılgan,
Narin,
Camdan.
Ağır gelir bedenleri ruhlarına,
Çamurdan,
Kirli ve günahkar.
Ölünce ağırlaşır vücutlar
Özgürleşen ruhun boşluğuyla,
Kaldırılamaz olurlar.
İnsanlar hafiftir,
Hafiftir ruhlar.
Beden taşırken tüm nefreti, öfkeyi
Ruhlar taşır merhameti, sevgiyi
Serbest kaldılar mı göklerdedir yerleri
Balçığa saplı kalamazlar.

Rüya serbest çalışan metin ve blog yazarı (ymagination.co.uk). Aslen İstanbullu olan Rüya dört yıl önce Londra'ya yerleşti ve üniversite eğitimini orada tamamladı. Yedi yaşından beri şiir yazıyor ve orta okuldan beri İngilizce yazıyor. Kelimeleri görselleştirip imgeler yaratmayı ve kendini hayal gücüne bırakmayı seviyor.

Who Killed Shams-i Tabrizi?: Sufism and Turkish Identity in "The Black Book" and "The Dervish's Gate"

By Thomas Parker

They found his body, riddled with stab wounds, at the bottom of the well. The body belonged to one Shams-i Tabrizi, the beloved of the famous Sufi poet Rumi. Rumi, known in Turkey as Mevlana Celaleddin Rumi, has achieved renown through the ages and the world over. He was the bestselling poet in America in 2014. UNESCO named the year 2007, his 800th anniversary, as the International Year of Rumi. It is safe then to say that the name Rumi is familiar to even the uninitiated to Sufism. However, that of Shams-i Tabrizi, the *maşuk (beloved)* to *Rumi's aşık (lover),* the man who inspired Rumi, is unfortunately and undeservedly less well-known. While Rumi had started to write poetry even before meeting Shams, it is only upon reaching the heights of divine love with/through him and the grief at his absence that Rumi penned thousands of couplets and the most insightful and searing of his poetry.* The basic outlines of the story is as such: Rumi, from a well-to-do family that fled from Balk before it was overran by the Mongols, follows his father's footsteps and eventually become a scholar and preacher in the Anatolian city of Konya. He rises to become the city's most prominent preacher and teacher. Shams, on the other hand, was known as a wanderer and ascetic who never stayed in one place for long. One day upon meeting in the middle of a Konyan bazaar, the both realise that in the other they had found what they had been looking for. Rumi takes him into his house, where they have a series of *sohbets,* intense moments of silence and discussions, helping lead each other on the path to divine love. However, Rumi's disciples, whether seeing the wandering migrant below their *hoca*'s stature or jealous at having at his attention stolen from them, eventually run Shams out of town. Rumi in grief has his eldest son track down Shams, whom he finds in Damascus and brings back. Less than a year later,

* Here it is worth mentioning that there is no evidence to suggest that they were gay lovers. Rather, all evidence points to the love between, though incredibly strong, being only Platonic love in the original sense.

ŞEMS-İ TEBRÎZÎ'Yİ KİM ÖLDÜRDÜ? "KARA KİTAP" VE "BAB-I ESRAR"DA TASAVVUF VE TÜRK KİMLİĞİ

Thomas Parker

Çeviri: Merve Pehlivan

Bıçak darbeleriyle delik deşik edilmiş cesedini bir kuyunun dibinde buldular. Ünlü mutasavvıf şair Rumi'nin maşuku Şems-i Tebrîzî'ye aitti ceset. Türkiye'de Mevlânâ Celaleddin Rumi adıyla tanınan Rumi'nin asırlar boyunca tüm dünyaya yayılmış bir şöhreti var. 2014 yılında Amerika'nın en çok satan şairi unvanına sahip oldu. Doğumunun 800. yıldönümü şerefine 2007 senesi UNESCO tarafından Uluslararası Rumi Yılı ilan edildi. Rumi'nin tasavvufa aşina olmayanların bile tanıdığı bir isim olduğunu söylersek abartmış olmayız. Ancak Rumi'ye ilham veren maşuku Şems-i Tebrîzî ne yazık ki hak etmediği ölçüde az biliniyor. Rumi her ne kadar Şems'le tanıştıktan önce şiir yazmaya başlamış olsa da, ancak onunla birlikte/ onun vasıtasıyla ilahi aşkın doruklarına vardığında ve onu kaybettikten sonra duyduğu kederle binlerce beytini ve en derinlikli, en içli şiirlerini kaleme alabilmiştir.* Hikaye özetle şöyledir: Moğolların istilasından önce Belh şehrinden kaçan, hali vakti yerinde bir aileden gelen Rumi, babasının izinden yürüyerek Anadolu'nun Konya şehrinde hoca ve vaiz olur. Şehrin en önde gelen vaizi ve hocası olacak kadar yükselir. Şems ise hiçbir yerde uzun süre konaklamayan göçebe bir münzevi olarak bilinir. Günlerden birinde Konya'da bir pazarda rast geldiklerinde, her ikisi de aradığı şeyi karşısında bulduğunu fark eder. Rumi Şems'i evine götürür, art arda sohbet ederler, sohbetleri ilahi aşk yolculuğunda birbirlerine rehberlik ettikleri derin sükunet anları ve tartışmalarla dolar. Göçebe Şems'i hocalarının mevkiinden daha aşağı gördüklerinden midir, hocalarının ilgisini kendilerinden çaldığı için duydukları hasetten midir bilinmez, Rumi'nin müritleri nihayet Şems'i şehirden uzaklaştırır. Rumi kahrolmuştur, en büyük oğlunu aramaya yollar. Rumi'nin oğlu Şam'da bulur ve geri getirir Şems'i. Bir yıla varmadan Şems bir kuyunun dibinde ölü bulunur. Kar-

* Eşcinsel ve sevgili olduklarını ispat eden hiçbir delilin olmadığını belirtmekte yarar var. Tüm deliller, aralarındaki sevginin, çok kuvvetli olsa da sadece kelimenin özgün anlamıyla Platonik bir sevgi olduğuna işaret ediyor.

Shams is found dead at the bottom of a well. It is the tale of love between these two and the mystery of this murder that lies at the heart of our two novels to be compared.

Ahmet Ümit's *The Dervish's Gate* and Orhan Pamuk's *The Black Book** almost beg to be compared to each other. The two are both prominent Turkish books, the former a national bestseller and the latter one of the biggest events in Turkish literature in the 20th century and the novel where Pamuk found his own unique voice as a novelist, in which Sufism plays a prominent role. The similarity between them is striking. Not only does Sufism play a role in both, not only is the relationship between Rumi and Shams-i Tabrizi a central focus for both, but both furthermore use the historical murder of Shams-i Tabrizi to incorporate elements of the mystery novel. Despite this conspicuous resemblance, other than the various mention in the footnotes of critical essays, no one has done a direct comparison of the two novels. This piece aims to fill that gap. This is a necessary exercise not just because of their striking similarity, at least on the surface level, but also because of ways they are different, and what their convergences and divergences says about them as authors and about the place of Rumi in the Turkish national imagination.

Ahmet Ümit is, perhaps, Turkey's most prominent crime novelist. However, he wrote a who-dun-it of a much different nature for his fifth novel, this time using the 500-year-old murder of Shams-i Tabrizi to explore Mevlevi Sufism (Mevlevi is the name for Rumi's order, referring to the Mevlana in his title). The novel occupies two narratives, one in contemporary times as our protagonist Karen, a claims investigator for an insurance company in London inspects the possibility of arson in a hotel fire in Konya (the city of Rumi), and the other as she comes to literally inhabit Shamsi-Tabrizi in a series of visions.** Her father was, before disappearing from her life, himself a Mevlevi Sufi and it is partially to solve this mystery that she is in Konya. Ümit masterfully get his readers to invest in the story, which is more or less a bildungsroman of how the protagonist comes to realise the illusory nature of the "real" world, by interconnecting with the personal background of

* There are two translations of this book. I would highly suggest the Guneli Gun translation. I found it to be vastly superior to the Mauren Freely translation.

** The connection between dreams and visions is so much the Turkish word for dream "ruya" actually comes from the Arabic word for a vision.

şılaştıracağımız romanların özünde bu iki şahsın aşk hikayesi ve bu esrarengiz cinayet yatmaktadır.

Ahmet Ümit'in *Bab-ı Esrar* ve Orhan Pamuk'un *Kara Kitap* * romanları önemli ve kıyaslanmaya son derece elverişli iki Türkçe eser. İlki vaktiyle Türkiye'de çok satanlar arasına girmiş, ikincisi ise yirminci yüzyıl Türk edebiyatının en mühim hadiselerinden biri haline gelmiş, tasavvufun büyük rol oynadığı ve Pamuk'un romancı olarak özgün üslubunu bulduğu kitap. Aralarındaki benzerlik oldukça çarpıcı. Her iki kitap da tasavvufu işliyor, özellikle Rumi ve Şems-i Tebrîzî arasındaki ilişkiye odaklanıyor ve bunun da ötesinde Şems-i Tebrîzî'nin tarihi cinayeti üzerinden polisiye roman öğeleri içeriyor. Bu açık benzerliklere rağmen, kimi eleştirel makalelerin dipnotlarında verilen çeşitli alıntılar dışında *Bab-ı Esrar* ve *Kara Kitap*'ı doğrudan karşılaştıran bir çalışma yapılmamış şimdiye dek. Bu yazı, bu boşluğu doldurma amacı güdüyor. Böyle bir çalışma sayesinde, yalnızca bu iki eser arasında en azından yüzeydeki çarpıcı benzerlikler değil, aralarındaki farklar, ayrıldıkları ve benzeştikleri noktaların Ümit ve Pamuk hakkında ne söylediği ve Türk hayal gücünde Rumi'nin yeri tespit edilecektir.

Ahmet Ümit'in Türkiye'nin en önde gelen polisiye romancısı olduğu söylenebilir. Yayınlanan beşinci romanında ise yazar bambaşka bir yol izleyerek Mevleviliği araştırmak üzere Şems-i Tebrîzî'nin beş yüz yıl önceki cinayetini işliyor. Roman iki anlatıdan oluşuyor. Bir yandan günümüz Londra'sında bir sigorta şirketinde eksper olarak çalışan Karen Konya'da (Rumi'nin şehri) bir otel yangınının kundaklama olma ihtimalini araştırırken, bir yandan aynı karakter Şems-i Tebrîzî'yi içinde hissetmeye başlamasına neden olan rüyalar görüyor.** Kısmen de olsa Karen'in Konya'ya gelme amacı, izini kaybettirmeden önce Mevlevî mutasavvıfı olan babasına dair gizemi çözmek. Ahmet Ümit, okurlarını ustalıkla hikayenin içine çekiyor. Eser, kahramanın kişisel geçmişiyle ilişki kurması ve "gerçek" dünyanın ne denli yanıltıcı olduğunun farkına vardığını ele alması bakımından bir ölçüde *bildungsroman* olarak kabul edilebilir. Burada yazarın gayesi, bir yandan Karen Mevlevî tasavvufunu öğrenirken bir yandan okuru bilgilendirmek.

* Kitabın iki adet İngilizce çevirisi mevcut. Maureen Freely'nin çevirisinden çok daha üstün bulduğum Güneli Gün'ün çevirisini şiddetle öneririm.

** Rüya ve görme arasındaki bağ oldukça kuvvetli. Zaten Türkçe rüya kelimesi esasen Arapça rüyet yani "görme" kelimesiyle ilişkili.

our protagonist. The purpose of this being that as Karen gains in knowledge of Mevlevi Sufism so too does the reader.

The Black Book was the book that declared the arrival of Orhan Pamuk on the stage of Turkish literature. In true Pamukian fashion, the book is complex and as postmodern as one's heart could desire. The plot, however, is exceedingly simple. The novel opens up with the disappearance of Galip's wife Ruya. He also learns that his cousin Celal, a famous newspaper columnist has disappeared. He comes to believe that finding Celal is the key to finding Ruya and sets out to find her in what is a parody of the detective novels his wife loves. In his search, Galip becomes obsessed with Celal (whose name in Turkish invites comparison with Celal-eddin Rumi) and in a typical postmodern self-aware gesture Galip starts to deliberately compare his relationship with Celal to the one between Rumi and Shams. Part of the novel's complexity lies in Celal's newspaper columns' interspersing the main narrative, with every other chapter being one of his columns, with the conceit being that Galip is reading that column. However, Celal is no regular newspaper columnist, but rather something like what Joyce would have been had he been a journalist with complete freedom who decided to write the story of Dublin in serial form, rather than a novel. The columns, often far more interesting than the main narrative arc, are chock-full of conspiracy theories, Sufi esoterica and contemporary tales of Istanbul. More than one of the tales in these columns are in fact a remixed version of a tale from Rumi's Masnevi. However, in addition to Celal's clue-maker avocation, layer upon layer of meaning is also added to the novel by the number of binaries present, the double meanings suggested by the character's names and the allusions to classic Sufi literature. Eventually, Galip's need to establish a personal identity eventually expands far beyond the borders of simply being inspired by Rumi and Shams, to a reflection of the need for Turkey to establish an independent identity torn between West and East (another self-aware gesture from the author) and even larger as a reflection of the illusion of a self. Perhaps, the novel can be best explained as detective novel that in seeking to solve a metaphysical mystery becomes a sort of postmodern contemporary Masnevi.*

* Almond, Ian. "Islam, Melancholy, and Sad, Concrete Minarets: The Futility of Narratives in Orhan Pamuk's "The Black Book""New Literary History34, no. 1 (2003): 78.http://www.jstor.org/stable/20057766.

Kara Kitap, Orhan Pamuk'u Türk edebiyatı sahnesine çıkaran roman. Pamuk'un tarzını tam manasıyla yansıtacak şekilde karmaşık ve post-modern kıvamda ama olay örgüsü son derece basit. Kitap Galip'in karısı Rüya'nın ortadan kaybolmasıyla başlar. Galip aynı zamanda kuzeni, yani ünlü köşe yazarı Celal'in de kaybolduğunu fark eder. Ancak Celal'i bulduğu vakit Rüya'yı da bulabileceğine kani olan Galip, Rüya'nın sevdiği polisiye romanlarını taklit edercesine karısının peşine düşer. Arayışı esnasında Celal'i ("Celaleddin Rumi"yi anımsatır) takıntı haline getirmiştir Galip. Tipik post-modern bir farkındalıkla, Celal'le olan ilişkisini bilinçli biçimde Rumi ve Şems'in arasındaki ilişkiyle karşılaştırmaya başlar. Celal'in gazetedeki köşe yazıları temel anlatının içine serpiştirilmiş, Celal'in hangi yazıyı okuduğunu yansıtmak amacıyla romanın her iki bölümünden biri bu köşe yazılarına ayrılmıştır. Kitabın karmaşıklığı da kısmen bu düzende yatar. Ancak Celal herhangi bir köşe yazarı değildir. Daha ziyade, romancı değil de bir gazeteci olarak karşımıza çıkmış da, Dublin'i tamamen özgürce, roman yerine tefrika yoluyla anlatmaya karar vermiş bir Joyce'a benzer. Genel itibarıyla temel anlatı ekseninden çok daha ilgi çekici bu köşe yazıları komplo teorileriyle, ezoterik tasavvuf metinleriyle ve günümüz İstanbul'una dair hikayelerle doludur. Bunlardan bazıları esasen Rumi'nin Mesnevi'sinden alınmış hikayelerin yeniden düzenlenmiş versiyonlarıdır. Celal'in ipucu verme merakının yanı sıra ikilikler, karakter isimlerinin çağrıştırdığı çift anlamlar ve klasik tasavvuf literatürüne yapılan göndermeler sayesinde romanın anlam katmanları iyice derinleşir. Nihayet Galip'in şahsi bir kimliğe kavuşma ihtiyacı Rumi ve Şems'ten aldığı ilhamın sınırlarını aşar, Doğu ile Batı arasına sıkışmış Türkiye'nin bağımsız bir kimlik ihtiyacına (yazarın bilinçli bir tavrıdır bu yine) ve daha da ötesi öz benliğin yanılsama olduğuna dair bir tefekküre dönüşür. Bu eser belki de, metafizik bir gizemi çözmeye çalışan polisiye romanının bir nevi post-modern, çağdaş bir Mesnevi'ye dönüşmesi olarak açıklanabilir en iyi.*

* Almond, Ian. "Islam, Melancholy, and Sad, Concrete Minarets: The Futility of Narratives in Orhan Pamuk's "The Black Book"" New Literary History 34, no. 1 (2003): 78. http://www.jstor.org/stable/20057766.

There is a question here, a question bigger than even that of who killed Shams-i Tabrizi: Why should two of Turkey's most prominent secular *littérateurs* stake an interest in Sufism? The answer is that these two authors, though for very different reasons, take an interest in Sufism because of its role in Turkish national identity. Indeed, both novels are examples "of how Sufism manifests itself in secular Turkish popular culture."* Much credit for constructing Mevlevi Sufism as an integral part of Turkish identity is due here to Talat Harman's promotion of the 'whirling dervish' when he served as first Minister of Culture. While some may be tempted to counter this by pointing to the long tradition of Sufism in the country, that does not in any way make Sufism's place in Turkish national identity inevitable, nor specifically that of Mevlevi Sufism. There are other types of Sufism, some just as long-bedded in Turkey, that are not as seen as important for national identity, for example the Bektaşi, and its sub-order of Hurufism, the Akbarian tradition (Ibn Arabi),** and Allah forbid Alevism. It is worth mentioning that while Ümit's novel focuses exclusively on the Mevlevi tradition, *The Black Book* covers all of these branches of Sufism.

The reason for why Pamuk covers a wider breadth of Sufi orders, whereas Ümit focuses on just the Mevlevi *tariqa* becomes clearer when we consider their different goals of using Sufism in the book. Ümit's use is very much political, perhaps even instructive. Ümit himself has not only likened the murder of Shams and the root of intolerance he sees behind it to contemporary political crimes in Turkey, but furthermore to the most high-profile political murder in recent Turkish history, that of the assassination of Armenian journalist Hrant Dink in 2007. Sufism has long been seen as something disparate from the rest of the Islamic tradition, emerging almost in spite of "Islam." With its language of love and peace, it is seen as being apolitical and is, therefore, often favoured by secularists as a natural alternative to political Islam. That is to see Sufism's apoliticity as a solution to recent Turkish

* Zeynep Tüfekçioğlu, «Sufism in Turkish Crime Fiction: the Mystery of Shams-i Tabrizi in Ahmet Ümit'sBab-ı Esrar»,European Journal of Turkish Studies[Online], 13 |2011, Online since 17 December 2012, connection on 01 July 2017. URL :http://ejts.revues.org/4532

** The connection between Rumi and Ibn Arabi, perhaps the two foremost masters of Sufism in Islamic heritage, is much deeper than one would originally believe. Ibn Arabi's foremost disciple lived in Konya at the same time and we know, even if there does not seem to be intellectual borrowings between the two, that there was interaction between the two. They were the two most alims in the city at the same time and Rumi gave him the honor of giving the khutbah sermon at his janazah, or funeral prayer.

Burada karşımıza, Şems-i Tebrîzî'yi kimin öldürdüğünden bile daha büyük bir soru çıkar: Türkiye'nin en önemli iki seküler edibi neden tasavvufa ilgi duymaktadır? Bambaşka sebeplerle de olsa, her iki yazarın da tasavvufa ilgisi tasavvufun milli Türk kimliğindeki konumundan ileri gelir. Bu romanlar "tasavvufun seküler Türk popüler kültürüne nasıl yansıdığına" örnek niteliğindedir.* Mevleviliğin Türk kimliğinin ayrılmaz bir parçası olarak inşa edilmesi, büyük ölçüde eski Kültür Bakanı Talât Sait Halman'ın idealize bir 'semazen' imgesi yaratmasından kaynaklanıyor. Buna karşın Türkiye'de tasavvuf geleneğinin oldukça eskiye dayandığı iddia edilebilir. Ancak tasavvufu ve özellikle Mevleviliği Türk milli kimliğinin vazgeçilmez unsuru kılan bu gelenek değildir. Bektaşîlik ve alt kolu Hurufîlik, Ekberîlik (İbn Arabi)** ve (haşa) Alevilik gibi Türkiye'de en az Mevlevilik kadar köklü başka tasavvuf akımları da mevcut olmakla beraber, bu akımlar milli kimlik tasavvurunda önem arz etmez. Bu noktada Ümit'in romanı yalnızca Mevlevi geleneğe odaklanırken, Kara Kitap'ın bütün bu tasavvuf akımlarını ele aldığını belirtmekte fayda var.

Pamuk'un değindiği tasavvuf ekolleri geniş bir yelpazeye otururken Ümit'in neden yalnızca Mevlevi tarikatına odaklandığı sorusu gelebilir akıllara. Bu sorunun cevabı her iki kitabın da tasavvufu farklı amaçlarla ele almasında yatar. Ümit siyasi, belki de öğretici bir açıyla yaklaşır tasavvufa. Şems'in cinayetini ve cinayetin ardında yatan tahammülsüzlüğü günümüz Türkiye'sinde işlenen siyasi suçlara ve hatta yakın Türkiye tarihinin en çok yankı uyandıran siyasi cinayetine, 2007 yılında Ermeni gazeteci Hrant Dink'in suikasta kurban edilişine benzetir. Tasavvuf uzun süre boyunca İslami geleneğin geri kalanından ayrı tutulmuş, neredeyse İslam'a rağmen yükselmiştir. Sevgi ve barışı vurgulayan diliyle tasavvufun apolitik olduğu düşünülmüş ve siyasi İslam'a karşı doğal bir alternatif olarak laikler tarafından kabul görmüştür. Ahmet Ümit, Türkiye'de son yıllarda yaşanan siyasi çalkantılara çözüm olarak apolitik bir tasavvuf öneriyor ve tam

---

* Zeynep Tüfekçioğlu, « Sufism in Turkish Crime Fiction: the Mystery of Shams-i Tabrizi in Ahmet Ümit's Bab-ı Esrar », European Journal of Turkish Studies [internet yayını], 13 | 2011, son ziyaret tarihi 1 Temmuz 2017. Adres: http://ejts.revues.org/4532

** İslam tarihinin en büyük iki tasavvuf alimi kabul edilebilecek Rumi ve İbn Arabi'nin arasındaki ilişki zannedildiğinden daha derin olabilir. İbn Arabi'nin en önemli öğrencisi Rumi'nin döneminde yaşamıştır. İki alim entelektüel olarak birbirinden istifade etmemiş olsa da, etkileşim halindeydiler. Aynı dönemde, aynı şehrin en bilgin şahıslarıydılar. Rumi cenazesinde hutbe okuyarak İbn Arabi'yi şereflendirmiştir.

political tensions is precisely what makes his use of it politically-oriented. This also would not be the first time that Ümit wrote a novel that aimed to instruct or educate as much as entertain, as it has been noted that this a tendency of his.* While Ümit's novel in many ways centres more around popular curiosity of Rumi than it does actual Sufi teachings, Pamuk's in some ways actually grounds itself in Sufi teachings (though the skepticism of ever knowing the truth inherent to postmodernism is an essential contradiction). The reason for this lies in that Pamuk's primary goal in the novel, and perhaps in his entire oeuvre, is to deconstruct. And in this novel, he aims to deconstruct Turkish national identity. Seen in this context, it is understandable how Sufi teachings, in their various strands, are useful in that they allow him to simultaneously deconstruct both the role of Sufism in Turkish national identity and the latter en large.

While I am not one to be bothered by literature that intends to edify, it came off a bit too heavy-handed in *The Dervish's Gate*. At times, it felt like the only purpose of the book was to introduce readers to Mevlevi Sufism, to the point where it actually felt that the original had been written in English specifically to instruct foreigners in the ways of Mevlevi Sufism (especially considering the foreign protagonist). The didactic nature of the novel resulted in far too much telling, as opposed to showing, and some conversations felt more like information dumps than conversations actual human beings would have. I also would have liked to seen more variety in the sentence length in Ümit 's novel. Almost all of the sentences were of the exact same length, though I know not if this a fault that belongs to the author or the translator. However, I may be coming off a bit too censorious. I enjoyed the book and find it to be a good read for beginners to Sufism. It also had moments where it was a page-turner that was hard to put down.

While Ümit could have used leaving some links for his readers to construct themselves, Pamuk takes the complete other approach. The Black Book is, in a word, infuriating. Not only does Pamuk have the nerve to build a web so complex that there isn't a link that can't be constructed in the book, but he then suggests that none of it ultimately matters. Still many a reader continues to pore over

* Tüfekçioğlu, Sufism in Turkish Crime Fiction.

da bu nedenle tasavvufu politik bir amaç için kullanmış oluyor. *Bab-ı Esrar* Ümit'in eğlendirirken öğretme veya eğitme amacı da güden ilk romanı değil, zira daha evvel benzer bir eğilim gösterdiği ifade ediliyor.* Ümit'in romanı pek çok yönüyle gerçek tasavvuf öğretilerinden ziyade Rumi'ye duyulan popüler meraka odaklanırken, Pamuk'un kitabı belli açılardan tasavvuf öğretilerine dayanır (her ne kadar doğrunun asla bilinemeyeceğini öne süren post-modernizme özgü kuşkuculuk temel bir çelişki olsa da). Bunun ardında Pamuk'un romanında esas gayenin, belki de bütün eserlerindeki esas gayenin, yapıbozum olmasıdır. *Kara Kitap*'ta Türk kimliğini yapıbozuma uğratmayı amaçlar. Bu bağlamda incelediğimizde, farklı tasavvuf akımlarına ait öğretiler sayesinde Pamuk'un hem Türk milli kimliğinde tasavvufun rolünü hem de bu kimliğin kendisini yapıbozuma uğrattığını anlayabiliriz.

Okuru eğitme amacı güden edebi eserlerle bir derdim yok, ancak *Bab-ı Esrar* romanı bunun beceriksiz bir örneği. Bazı kısımları okurken, kitap yalnızca okurları Mevlevilikle tanıştırmak için yazılmış gibi hissettim. Öyle ki, sanki kitap bilhassa yabancıları (özellikle baş kahramanın yabancı olduğu düşünüldüğünde) Mevleviliğin bilgilendirmek için aslen İngilizce yazılmış gibi geldi. Roman bu didaktik yapısıyla gösterimin (showing) aksine anlatıma (telling) çok fazla ağırlık veriyor. Bazı diyaloglar sahicilikten uzak, bilgi yığını gibi. Öte yandan, romandaki cümlelerin farklı uzunluklarda olmasını dilerdim. Yazardan mı yoksa tercümandan mı kaynaklandığını bilmiyorum ancak, neredeyse tüm cümleler aynı uzunlukta. Fazla kusur buluyormuşum gibi anlaşılmasın. Kitabı sevdim, tasavvufla henüz tanışacaklar için iyi bir okuma olacağını düşünüyorum. Belli bölümler kitabı elimden bıraktırmayacak kadar sürükleyiciydi.

Ahmet Ümit, kitabında okurların kendi başlarına ilişki kuracakları hiçbir unsur bırakmazken, Orhan Pamuk tam zıttı bir yaklaşım benimsemiş. *Kara Kitap* insanı çileden çıkarıyor. Tek bir unsur bile bırakmıyor ki hiçbir yere bağlanmasın. Böylelikle yazar hem son derece karmaşık bir ağ örmeye cüret ediyor, hem de hiçbir unsurun nihai anlamda ehemmiyeti olmadığını iddia ediyor. Yine de pek çok okur kitabı bir şifreymiş gibi incelemeye, her köşe bucağın, kelimenin, harfin ve sembolün ardında bir sır ara-

* Tüfekçioğlu, Sufism in Turkish Crime Fiction.

the novel like a cipher, looking behind every nook and cranny, every word, letter and symbol, for a secret. Therefore, while it is Ümit's novel that is titled, in the Turkish original, *Bab-ı Esrar*, or the Gate of Secrets, it is ironically fitter for the Black Book. While they are starkly similar in that they are both novels that have elements of a mystery novel; that have their main narratives interrupted; that have a relationship modelled after Rumi and Shams-i Tabrizi, ultimately, their dissimilarity is even starker. And I would recommend my readers to read both even if only for the fun of seeing how two books cover the same subject, but do so in radically-different manners. I would advise the reader, especially if he or she is a beginner to Sufism to begin with Ümit's book, and the use the background to better appreciate Pamuk's novel. However, the greatest difference between the two books is in the respective answers they give to who murdered Shams-i Tabrizi and why. For both, this is the climax of the novel and the episode that demonstrates their respective purposes. While we may never truly know who killed Shams, we can all rest easy knowing that he in death, as in life, continues to influence great literature.

Thomas Parker is a Muslim-American poet, writer and translator from Texas. He writes original poetry in English as well as translating from Turkish and Arabic. He is the co-founder and poetry editor of the Bosphorus Review of Books and is currently at work on a debut novel.

maya devam ediyor. Bu sebeple, Ümit'in romanına verdiği *Bab-ı Esrar* yani Sırlar Kapısı ismi ironik bir biçimde Kara Kitap için daha uygun bir başlık. Her iki kitap da polisiye roman öğeleriyle, temel anlatılarının kesintileriyle, Rumi ve Şems-i Tebrîzî'den esinlenen ilişkileriyle birbirine oldukça benzese de, ayrıştıkları yönler çok daha belirgin. Bu satırları okuyanlara, aynı konunun tamamen farklı iki tarzda nasıl ele alındığını görmenin zevkine varmaları için her iki kitabı da okumalarını tavsiye ederim. Eğer özellikle tasavvufa yeni yeni aşinalık kazanıyorsanız Ümit'in kitabıyla başlayın. Sonrasında bu kitabın sunduğu zeminle Pamuk'un romanını daha iyi idrak edebilirsiniz. Tüm bunlar bir kenara, iki roman arasındaki en büyük fark Şems-i Tebrîzî'yi kimin neden öldürdüğü sorusuna verdikleri cevapta yatıyor. Şems'i kimin katlettiğini hiçbir zaman bilemeyecek olsak da, yaşarken olduğu kadar öldükten sonra da muhteşem edebi eserlere tesir ettiği gerçeğiyle avunabiliriz.

Thomas Parker Teksas eyaletinde doğup büyüyen Amerikalı Müslüman şair, yazar ve çevirmen. İngilizce şiir yazıyor ve Türkçe ve Arapça'dan çeviri yapıyor. Bosphorus Review of Books dergisinin kurucu ortağı ve şiir editörü olan Parker, halihazırda ilk romanını yazıyor.

PHOENIX

By Gözde Kurt
Translated by Thomas Parker and Gözde Kurt

Dark is the sun.
The day's guest is the night.
My life misses the light.
My eyes are wide shut.

The woods won't help me find my way.
Grabbing the earth,
Feeling the branches' dryness with each and every crackle
I step,
From the swampland past onto the next.

I sense, not far away, a green motion
It's as if the feather of
A baby phoenix falls on my hair.
My pupils, the eye's baby, dilate.

Then, you show up.
There falls white rains.
If only you could see how the sky unveils.

It's as if the darkness could be a lie.
It turns out the sole truth is us.
Us, plus this white rain.
It's as if the night, on my day,
Never perched.

Like a poem, I read you
Reading under the phoenix's wing,
It's as if love
Like this has never been narrated.

SİMURG

Gözde Kurt

güneş karanlık.
gündüze misafir gece.
ıskalar yaşantım ışığı.
gözlerim alabildiğine kapalı.

orman yardım etmez yolumu bulmama.
yoklayarak toprağı,
kuruluğunu duyarak dalların her çıtırtıda,
atarım adımımı,
bir önceki bataklıktan öteye.

bir yeşil kıpırtı duyarım az uzakta;
sanki yavru Simurg'dan
bir tüy düşer saçlarıma.
büyür göz bebeklerim...

sen çıkagelirsin sonra;
beyaz yağmurlar yağar.
nasıl açılır gökyüzü bilsen...

sanki yalan olur karanlık;
tek gerçek bizmişiz.
biz, bir de bu beyaz yağmur.
sanki gecem gündüzüme,
hiç tünememiş.

bir şiiri okur gibi,
Simurg'un kanadından okurken seni,
sanki aşk daha önce,
hiç böyle söylenmemiş.

Gözde Kurt was born in Kurtuluş, Istanbul. She started to write poems and short stories while in primary school. Her first novel Kozanın Tereddütü (The Cocoon's Hesitation) was published in 2009. Her book of short stories entitled Ölü Çiçekler Müzesi (The Museum of Dead Flowers) was published and taken into consideration for the Yaşar Nabi Nayır Prize in 2011. Afterwards, she started travelling for three years. After her travels through Cuba and countries in Europe and Latin America she returned to the writer's life with Köprüde Durup Beni Öpmesini Bekleyeceğim (I'll Stand on the Bridge and Wait for The Kiss). She earns her living as a translator and is continuing her education in the English Language and Literature Department in Istanbul University.

Gözde Kurt İstanbul'un Kurtuluş semtinde doğdu. İlkokulda şiir ve öykü yazmaya başladı. İlk romanı Koza'nın Tereddütü 2009 yılında yayımlandı. Ölü Çiçekler Müzesi adlı öykü kitabı 2011 yılında Yaşar Nabi Nayır Ödülü'ne aday gösterildi. Sonrasında üç yıl boyunca seyahat etti. Küba, Latin Amerika ve Avrupa'daki seyahatleri sonrasında Köprüde Durup Beni Öpmesini Bekleyeceğim adlı kitabıyla yazarlığa geri döndü. Çevirmenlik yaparak geçimini sağlayan Kurt halen İstanbul Üniversitesi İngiliz Dili ve Edebiyatı Bölümü'nde okuyor.

A Wretched Heaviness, Metin Kaçan: The Case for Translation

By Yağmur Coşkun

(...) exposed to temptations to commit murder every day (...) the native comes to see his neighbor as a relentless enemy. If he strikes his bare foot against a big stone in the middle of the path, it is a native who has placed it there; and the few olives that he was going to pick, X--'s children have gone and eaten in the night. For during the colonial period in Algeria and elsewhere many things may be done for a couple of pounds of semolina. Several people may be killed over it.

Franz Fanon, *The Wretched of the Earth*

In the last decade, a worldwide interest in Istanbul and its literature has been on the rise. This interest, it seems to me, has developed in two different moods, each of which has roots in two distinctive events in recent Turkish history: Orhan Pamuk winning the Nobel Prize for Literature in 2006 and the occupation of Gezi Park as a demonstration against state terrorism and neoliberal sack of nature in 2013. The former event has triggered a more orientalist and – somewhat – "touristy" attraction to the city, while the latter has been, and is, a discussion topic among the academicians, the left-wing activists of all sorts, the environmentalists, and literate circles. Although these two views of the city are fundamentally different from each other in their cultural and political matter, they do contain a socio-geographical overlap: Both focus their attention on the *center* (however they may differ in what they consider the "center" to be), and often ignore the periphery, which has historically been ever more fundamental to the city's economic circulation since the 1960s.

Metin Kaçan'ın Ağır Roman Kitabı Neden İngilizceye Çevrilmeli?

Yağmur Coşkun
Çeviri: Merve Pehlivan

(...) her gün (...) cinayet işleme isteği kışkırtılan Cezayirli, komşusunu onmaz bir düşman gibi görmeye başlar. Ayağına taş takılsa komşusundan bilir; toplayacağı birkaç zeytini X'in çocukları gece alıp yemiştir. Evet, çünkü Cezayir'de ve öteki yerlerde sömürge döneminde birkaç gram irmik için çok şey yapılabilir. Bunun için cinayet işlenebilir.

Franz Fanon, *Yeryüzünün Lanetlileri*

Son on yıl içerisinde İstanbul'a ve İstanbul edebiyatına duyulan ilgi dünya çapında yükselişe geçti. Bana kalırsa bu ilgi, kökleri yakın Türkiye tarihinde yaşanan iki farklı olaya uzanan iki farklı anlayışla şekillendi: Orhan Pamuk'un 2006 yılında Nobel Edebiyat Ödülü'nü kazanması ve 2013 yılında Gezi Parkı'nın doğanın neo-liberal yöntemlerle yağmalanmasına ve devlet terörüne tepki olarak işgal edilmesi. Bu gelişmelerden ilki kenti daha şarkiyatçı ve bir nevi "turistik" cazibe noktası haline getirirken, ikincisi akademisyenlerin, çok farklı kesimlerden gelen sol eğilimli aktivistlerin, çevre gönüllülerinin ve edebiyat çevrelerinin üzerine eğildiği ve hala sıcaklığını koruyan bir tartışma konusu oldu. Her ne kadar kente dair bu iki bakış açısı temelde kültürel ve siyasi içerik bakımından ayrışsa da, sosyo-coğrafi açıdan örtüşür: "Merkez" kavramını farklı yorumlayışlarına ve 1960'lardan bu yana kentin ekonomik dolaşımında her zamankinden daha fazla rol oynayan kenar mahalleleri görmezden gelmelerine rağmen, her ikisi de *merkeze* odaklanır.

This is precisely why I wanted to write about Metin Kaçan's *Ağır Roman*, which speaks straight to and from the heart of Istanbul's periphery. There have been numerous translations of Orhan Pamuk's exotic novels, and photos and videos of the Gezi Resistance have been circulating all around the world, inspiring protestors in distant countries like Brazil or Argentina. Yet, Kaçan's novel still awaits the interest it deserves, so that it may finally appear in different languages. This lack of interest is understandable, yet unacceptable: its world may not be glamorous as the exotic, mysterious, complex – yet completely fabricated – world of *My Name is Red,* but for at least half a century, it is the dynamo of the city that allows Pamuk to write his novels. Hence, for a fuller perception of Istanbul, it is necessary to look at this world, to read and translate this novel. Unlike some five-hundred-year old buildings of Ottoman aristocracy that may seem exotic to Western eyes or the heroic protestors of Gezi Park with their swimming glasses and hilarious slogans, the Fanonesque world of the peripheral neighborhoods of Istanbul (or, say, Sao Paulo or Beijing) often lack the means to speak for themselves. "They can't represent themselves, they must be represented (Marx: 1852)". This can be accomplished in two ways: either by the "talk of crime" (Caldera: 2000), i.e. by becoming a derogated, abused piece of chewing gum in the riches' mouths, or by having a good observer speaking for and about them in a realistic way. And this latter Kaçan does in a brilliant way.

There have been examples of such a representation of the peripheries in the discourse of Turkish literature, like Orhan Kemal's *Evlerden Biri.* However, *Ağır Roman* differs from most of these attempts in one important aspect: It goes one step beyond representing the periphery (or, in Turkish, *kenar mahalle*), it often lets it speak for itself, or at least speaks in its language. This I mean in a quite literal sense. The language the narrator uses is a mixture of poetic imagery, the local vocabulary of the periphery, and only occasionally a descriptive, all-knowing tone. Hence, the narrator melts his voice among the scenes he describes, and surrounds the fictitious street of Cholera, leaving it very seldom, and only to trace a character or two when he does so. In a way, the narrator becomes Cholera Street itself.

Metin Kaçan'ın İstanbul'un kenar mahallelerinin içinden çıkıp yine o mahallelere seslenen *Ağır Roman* kitabı üzerine yazmayı tam da bu sebeple istedim. Orhan Pamuk'un egzotik romanları pek çok kez çevrildi, Gezi Direnişi'nin fotoğrafları ve videoları ise tüm dünyada yankılanıp Brezilya ve Arjantin gibi uzak ülkelerdeki eylemcilere bile ilham kaynağı oldu. Kaçan'ın romanı ise hâlâ farklı dillerde nihayet kendine yer bulabilmek için hak ettiği ilgiyi görmeyi bekliyor. Söz konusu ilgi eksikliğini anlamak mümkün olsa da kabul etmek mümkün değil. *Benim Adım Kırmızı*'nın egzotik, gizemli, karmaşık ancak tamamen uydurma dünyasındaki ışıltı bu romanda olmayabilir, ancak Pamuk'a roman yazma imkanı tanıyan şehrin en az son elli yılına şekil veren dünya Kaçan'ın romanına yansımıştır. Nitekim İstanbul'u tam manasıyla kavrayabilmek için bu dünyaya bakmak, bu romanı okumak ve çevirmek gerekir. Batılı gözlere egzotik görünen Osmanlı asilzadelerinin beş yüz yıllık binalarının ya da yüzücü gözlükleri ve neşeli sloganlarıyla kahraman Gezi eylemcilerinin aksine, İstanbul'un (ya da Sao Paolo veya Pekin'in) kenar mahallelerinin Fanonesk dünyası kendi sesini duyurma imkanından yoksundur. "Kendi kendilerini temsil edemezler, temsil edilmelidirler (Marx: 1852)." Bu iki türlü gerçekleşebilir: "suç söylemi" (Caldeira: 2000), yani zenginlerin ağzında aşağılanmış, hırpalanmış bir sakıza dönüşme yoluyla ya da onlar adına ve onlar hakkında gerçekçi bir üslupla konuşabilecek iyi bir gözlemci yoluyla. Kaçan bu gözlemci rolünü muhteşem bir biçimde oynuyor.

Orhan Kemal'in *Evlerden Biri* adlı romanında olduğu gibi Türk edebiyatında bu tür kenar mahalle temsilleri yok değil. Ancak *Ağır Roman*'ı bu teşebbüslerin pek çoğundan ayıran önemli bir boyut söz konusu: Roman kenar mahalleyi temsilin bir adım ötesine giderek, sık sık mahallenin kendisine söz hakkı veriyor, ya da onun diliyle konuşuyor. Bunu mecazi anlamda kast etmiyorum. Anlatıcı kenar mahallelerin şiir imgelemiyle yerel ifadelerini harmanlayan bir dil tercih ederken, sadece zaman zaman tasvire dayalı, bilgiç bir ses tonuna bürünüyor. Böylelikle anlatıcının sesi betimlediği sahnelerin içinde eriyor, kurmaca Kolera Sokağı'nı dolaşıyor, yalnızca bir iki karakterin peşine düşme haricinde çok az ayrılıyor sokaktan. Bir bakıma anlatıcının kendisi Kolera Sokağı'na dönüşüyor.

Even the name of the novel reflects this attitude. *Ağır Roman* literally means "the Heavy Novel", but it is also a pun referring to a certain, elegy-like musical genre of the Roma, which is ever present throughout the novel as a dramatic *leitmotiv*. Like most of the phrases used throughout the novel, such as "manita", "lavuk", "zarbo" etc., the title cannot be translated directly, but can only be adapted.

The world of Cholera Street is cruel. Even in the first few pages, one can observe strict gender segregation, prostitution, ethnic discrimination (*kara şopar* = the black gipsy), and so forth. (Class issues are both never openly present and omnipresent, since the entire population of the neighborhood consists of poor people. Class lines become glaring through occasions of bullying and prostitution.) The rest of the novel is no less cruel: it is full of murders that stem seemingly out of nothing, honorable (of course, in Cholera Street standards) people literally losing their minds, betrayals, sacking of shops, false pieties, and so forth. Yet, all these events have significant meanings within the context of this isolated world. Indeed, the isolation of Cholera Street, which is a characteristic of almost all urban peripheries, is desperately felt throughout the novel. All social issues of the era in which the plot is set, the 1970s, are lurking behind the plot, but are addressed only via individual events such as a barber getting upset with the introduction of *Gillette,* or blackouts due to the war in Cyprus. The bigotry hidden in this situation becomes immediately glaring when we consider the vitality of the characters for the city's social and economic life: a mechanic, a barber, several prostitutes, drivers, drug dealers, etc.This wall of hypocrisy ignorance surrounding the street makes everything even more cruel: the people of Cholera Street are left alone with their own problems of poverty, sexual desires, harassments, ignorance, false pieties, religious discriminations, and so forth. The only way out of this whirlpool means a radical break from one's past, which is not endurable for everyone, as the reader can see while watching Berber Ali's family falling apart.

However, what makes such a violent human landscape even more stunning, and the heavy novel even heavier, is the way the narrator describes these tough events. Almost all these events, that might have been told in a dramatic – even kitschy – way in a

Romanın ismi dahi bu tutumu yansıtıyor. *Ağır Roman* ifadesi aynı zamanda eserin tamamına dramatik bir leitmotif olarak yayılan, Romanlara ait ağıt benzeri bir müzik türüne de işaret eder. Kitapta geçen "manita," "lavuk", "zarbo" gibi ifadeleri yabancı dillere doğrudan çevirmek mümkün değildir, ancak uyarlanabilir.

Kolera Sokağı'nın dünyası acımasızdır. Henüz ilk birkaç sayfada bile katı bir cinsiyet ayrımcılığı, fuhuş ve etnik ayrımcılık (kara şopar) vb. örneklerine rastlanır. (Sınıf meseleleri ise hiçbir zaman açıkça ele alınmamakla beraber, mahalle sakinlerinin hepsi yoksul olduğundan romanın tamamında kendini belli eder. Sınıflar arası sınırlar fiziksel şiddet ve fuhuş vakalarında keskinleşir.) Romanın geri kalanı da bir o kadar acımasız sahnelerle doludur: Yok yere işlenmiş gibi gözüken cinayetler, (Kolera Sokağı standartlarında) itibarlı insanların kelimenin tam anlamıyla aklını kaçırması, ihanetler, dükkanların yağmalanması, sahte dindarlıklar vb. Tüm bu olaylar, çevresinden soyutlanmış bu muhitte önemli rol oynar. Zira hemen her kentin kenar mahallelerinde olduğu gibi Kolera Sokağı'nın bu soyutlanmış hali romanın bütününde son derece kuvvetle hissedilir. Olayların geçtiği 1970'lere ait tüm toplumsal meseleler olay örgüsünün ardında pusuda beklemekle beraber, yalnızca münferit olaylar vasıtasıyla ele alınır. Bir berberin *Gilette* ürünleri piyasaya girdiği için hayal kırıklığına uğraması ya da Kıbrıs'taki savaş nedeniyle yaşanan elektrik kesintileri gibi. Bu ortama içten içe sinmiş bağnazlık ise, karakterlerin şehrin sosyal ve ekonomik hayatında oynadığı son derece önemli rollerde gizli: tamirci, berber, birkaç fahişe, şoförler, uyuşturucu tacirleri vb. Sokağa hakim bu ikiyüzlülük ve cehalet her şeyi daha da gaddarlaştırır: Kolera Sokağı sakinleri kendi yoksulluk, cinsel arzu, taciz, cehalet, sahte dindarlık, din ayrımcılığı vb. sorunlarıyla baş etmek üzere yalnız bırakılır. Bu girdaptan kurtulmanın tek yolu, kişinin kendi geçmişiyle bağını kökten koparmasıdır. Ancak buna, Berber Ali'nin ailesinin nasıl dağıldığını izleyen okurun da takdir edeceği gibi, herkes katlanamaz.

Öte yandan, bu kadar şiddetle dolu bir insan manzarasını daha da büyüleyici kılan ve ağır romanı daha da ağırlaştıran ise, anlatıcının bu zor olayları aktarma biçimidir. Başka bir bağlamda dramatik, hatta ucuz bir üslupla anlatılabilecek olayların nere-

different context, are narrated completely without aura, without any dramatic tension, and without any tears, maybe as mundane everyday trifles. Yet, this cold distance, this lack of aura itself constitutes the street's own aura, or the intangible charisma to which both the reader and the characters are attracted.

But why? Why do we tend to get attracted to such brutal, often disgusting river of events, lives and people? It cannot be explained by Girard's thesis of the human being's tendency to enjoy violence, since we cannot help but feel sorry even for those characters that themselves commit violent acts and of whose tragic ends the narrator speaks so coldly.

This question the novel does not answer. Yet, what it does is enough to explain our seemingly irrational sympathy. By reading the novel, we finally hear the periphery speaking, and we finally are shown the inner dynamics of the life in that distant world. Finally, we start to understand the violence, which is normally no more than an "epistemic murk" (Taussig: 1987) to us "civilized" audience. What we discover, however, is maybe even more terrorizing than the events narrated in the novel: the fact that the whirlpool of the periphery is only a version of the whirlpool of our own daily lives, and that what we suffer from is not so far away from what Cholera suffers from. Finally, the walls surrounding the periphery crumbles, and the "world cut into two", of which "the frontiers are shown by barracks and police stations" (Fanon: 1961) is fusing into one – only if we allow ourselves to listen.

Ağır Roman is a heavy novel. Yet, its therapeutic effect stems directly out of its heaviness, its violence. Unfortunately, it still waits to be translated so that it may reach out, demonstrate, and heal. So let us read it, translate it, and carry its heaviness as our own.

deyse tamamı hiçbir gizem havası, hiçbir dramatik gerilim, hatta gözyaşı bile olmadan; belki sıradan, gündelik şeyler olarak aktarılır. Bu soğuk mesafe, gizem havasının olmayışı aslında sokağın kendi gizemli havasını ya da hem okuru, hem de karakterleri cezbeden o elle tutulmaz karizmasını yansıtır.

Peki ama neden? Bu denli acımasız, pek çok yerde mide bulandıran bir dizi olaya, hayata ve insana ilgi duyma eğilimimiz neden kaynaklanıyor? Girard'ın öne sürdüğü sav bunu açıklayabilir. Girard'a göre insanoğlu şiddetten hoşlanmaya meyillidir, zira şiddet eylemlerini gerçekleştiren, anlatıcının trajik sonlarını son derece soğukkanlılıkla tasvir ettiği bu karakterlere karşı bile merhamet duymadan edemeyiz.

Roman bu soruya cevap vermemekle birlikte, mantıksız gibi görünen sempatimizi izah etmeyi başarır. Romanı okuduğumuzda, nihayet kenar mahallenin sesini duyarız, nihayet o uzak dünyanın iç dinamikleri gözlerimizin önüne serilmiştir. Ve nihayet, normalde bize, yani "medeni" kitleye "epistemik karanlıktan" (Taussig: 1987) öte bir anlam ifade etmeyen şiddeti anlamaya başlarız. Ancak keşfettiğimiz şey belki de romanda geçen olaylardan çok daha korkunçtur: Kenar mahallenin girdabı bizim gündelik hayatlarımızdaki girdabın yalnızca bir çeşididir; bizim çektiğimiz acı, Kolera'nın acısından çok da farklı değildir. Şayet kulak verirsek, nihayet kenar mahallenin etrafını saran duvarlar çöker, "sınırları kışlaların ve karakolların çizdiği, ikiye ayrılmış dünya" (Fanon: 1961) birleşir.

Ağır Roman hakikaten ağır bir roman. Ancak insana iyi gelen yanı tam da bu ağırlığında, şiddetinde yatıyor. Ne yazık ki hala çevrilmeyi bekliyor ki temas etsin, göstersin ve iyileştirsin. Öyleyse okuyalım, çevirelim ve ağırlığını kendi ağırlığımızmış gibi taşıyalım.

Bibliography

Caldeira, Teresa P. R. *City of Walls: Crime, Segregation, and Citizenship in Sao Paulo*. University of California Press, Berkeley and Los Angeles 2000.

Fanon, Frantz. *The Wretched of the Earth*. Grove Press, New York 2011.

Kaçan, Metin. *Ağır Roman.* Metis Yayinlari, Istanbul 1990.

Marx, Karl. *Der achtzehnte Brumaire des Louis Bonaparte* in *Gesammelte Werke,* Anaconda Verlag, Koeln 2016.

Taussig, Michael. *Shamanism, Colonialism, and the Wild Man: a Study in Terror and Healing*. University of Chicago Press, Chicago 1987.

Kaynakça

Caldeira, Teresa P. R. *City of Walls: Crime, Segregation, and Citizenship in Sao Paulo*. University of California Press, Berkeley and Los Angeles 2000.

Fanon, Frantz. *The Wretched of the Earth*. Grove Press, New York 2011.

Yeryüzünün Lanetlileri. Çev. Şen Süer, Versus Kitap, İstanbul 2007.

Kaçan, Metin. *Ağır Roman.* Metis Yayinlari, İstanbul 1990.

Marx, Karl. *Der achtzehnte Brumaire des Louis Bonaparte.*(*Gesammelte Werke* içinde*)*, Anaconda Verlag, Köln 2016.

Taussig, Michael. *Shamanism, Colonialism, and the Wild Man: a Study in Terror and Healing.* University of Chicago Press, Chicago 1987.

FOG

By Alaz Ada

History is but repetition,
and the metropolis is naught but fog.
Forget the other side of the Bosphorus, the bridge, the minarets,
  I cannot even see you,
knowingly in every breath,
  like the eye grows used to darkness,
    like the body grows used to pain,
I become one bit more fog,
the dark whiteness burns my eyes,
  but I cannot shut them.
Do I not know all the things you are hiding from me,
  like the passing of time
    at a perfect pace: one minute every minute.
What one's hands cannot reach – a human cannot think of
  my head leans on the window and
    the minibus shakes
      my thoughts are fragmented
        fragmented and
          my eyes are about to
            shut
              just a bit more
and I get off as if I know where I am at.
Magnifying mirrors of their makers, the spectral skyscrapers
  The traffic turning into a necklace of white and red pearls
    you too will drown in your own fog,
      at least as invisible as me,
what's the difference when you can't see beyond your nose?
in the end, history is but fog,
and the metropolis is naught but repetition.

SİS

Alaz Ada
Çeviri: Alaz Ada

Tarih tekerrürden,
büyükşehir sisten ibarettir.
Bırak karşıyı, köprüyü, minareleri,
  seni bile göremiyorum,
bile bile her nefeste
  gözün karanlığa,
    bedenin acıya alışmasınca
bir parça daha sis oluyorum,
zulmet-i beyza gözlerimi yakıyor
  ama kapatamıyorum.
Benden neler saklıyorsun bilmiyor muyum,
  zamanın geçişi mesela,
    mükemmel bir hızla: dakikada bir dakika.
Ellerinin dokunamadığını düşünemiyor insan -
  başım cama yaslı ve
    minibüs sallanıyor
      aklımdan geçenler kesik
        kesik ve
          gözlerim kapandı
            kapanacak
              az kaldı
ve iniyorum nerede olduğumu bilirmişçesine.
Sahibinin dev aynası, heyula gökdelenler,
  kırmızı beyaz incilerden bir kolyeye dönen trafik,
    siz de kendi sisinizde boğulacaksınız,
      en az benim kadar görünmez,
göz gözü görmeyince ne fark eder,
sonuçta tarih sisten,
büyükşehir tekerrürden ibarettir.

This poem is a reference to a poem by Tevfik Fikret also titled "Sis." Alaz Ada is a student of the social sciences from Istanbul currently studying in Southern France at the Menton campus of Sciences Po Paris. Her poetry has been published most recently in Selfish Magazine and is due to appear in the upcoming digital issue of FishFood Magazine. Her political essays appear in a regular column in her campus' newspaper, Le Zadig.

Bu şiir Tevfik Fikret'in "Sis" adlı şiirine atıftır. İstanbul'da sosyal bilimler öğrencisi Alaz Ada halihazırda Sciences Po Paris Üniversitesi'nin Fransa'nın güneyindeki Menton kampüsünde okuyor. Şiirleri en son "Selfish Magazine" adlı dergide yayınlanan Ada ayrıca FishFood Magazine dergisinin bir sonraki dijital sayısında da yer alacak. Ada'nın siyasi makaleleri düzenli olarak Le Zadig adlı üniversite gazetesinde yayınlanıyor.

GALATA, PERA, BEYOĞLU: A BIOGRAPHY BY BRENDAN AND JOHN FREELY

By Luke Frostick

If you're an émigré living in Istanbul, like me, you've been to Beyoğlu. There is a good chance you live here (in fact, I think I can see you) and there is an equal chance that Brendan and John Freely's book *Galata, Pera, Beyoğlu: A Biography* is going to interest you. Many of us live here in this strange part of the city without understanding the streets we walk on. This is a book that can correct that by detailing the history of this important but overlooked corner of the city.

As the book's blurb mentions, histories of Istanbul have tended to focus on the historic peninsula. While this is fine, Istanbul would not be Istanbul without the settlements across the Golden Horn. It has a history as long as the rest of the city. For example, even back in the Byzantine times. Pera was regarded as the fourteenth district of the city and the word '*pera*' in Greek simply means 'the other side.' I learned both of these facts from the first page of the first chapter.

The book is divided up into chapters detailing different districts of Beyoğlu, starting on the shores of the Golden Horn and traveling east ending around Gezi Park. These chapters are again subdivided into two parts: a chronological overview and then a guided stroll, pointing out the important buildings along the streets and the stories behind them. Each stroll includes a map of the area being discussed.

The chronological overviews provides concise histories of these districts. Their main purpose is to give much-needed context for the strolls. This overview is necessary because the walks are full of details that would be quite meaningless without context .

The walks go into a lot of details including architecture, ethnic makeup of the area, culinary history, anecdotes (some tragic some hilarious), and a rich cast of characters from beggars, gangsters, sailors, ambassadors, imams and artists. All these details have

Galata, Beyoğlu, Pera: Bir Biyografi Brendan & John Freely

Luke Frostick

Çeviri: Merve Pehlivan

Benim gibi İstanbul'da yaşayan bir yabancıysanız, Beyoğlu'na gitmişsinizdir, büyük ihtimalle de burada yaşıyorsunuzdur (hatta sizi görebiliyorum). Yine büyük ihtimalle Brendan ve John Freely'nin *Galata, Pera, Beyoğlu: Bir Biyografi* kitabı ilginizi çekecektir. Çoğumuz şehrin bu acayip tarafında, üzerinde yürüdüğümüz sokakları tanımadan yaşıyoruz. Bu kitap, İstanbul'un mühim ama göz ardı edilen bu köşesinin tarihine ışık tutarak size yardımcı olacaktır.

Kitabın tanıtım yazısında da belirtildiği üzere, İstanbul'un tarihini anlatan eserler genel itibarıyla tarihî yarım adaya odaklanır. Bu durum anlaşılır olmakla beraber, geçmişi en az şehrin geri kalanı kadar eskiye dayanan Haliç etrafındaki yerleşimleri hesaba katmadan İstanbul'u İstanbul saymak mümkün değildir. Zira, Bizans döneminde bile Pera şehrin on dördüncü bölgesi kabul edilir, Pera kelimesi Yunanca "öte, ilerisi" anlamına gelirmiş. Bu iki bilgiyi de kitabın birinci bölümünün ilk sayfasından öğrendim.

Beyoğlu'nun farklı muhitlerini ayrıntılarıyla ele alan bölümlerden oluşan kitap, Haliç kıyılarından başlayarak doğuya doğru yönelip Gezi Parkı'nda sonlanıyor. Her bir bölüm ayrıca iki alt başlığa ayrılarak önce kronolojik bir değerlendirme sunuyor, ardından sokak sokak rehberlik edip önemli binaların hikayelerini anlatıyor. Her bir rotaya ilgili bölgenin haritası eşlik ediyor.

Semtlerin kısa tarihçelerini yansıtan kronolojik anlatımlar, sonraki sayfalarda yer alan sokak gezintilerini bağlama oturtuyor. Bu gezintiler bağlam olmaksızın pek anlam ifade etmeyecek türlü ayrıntılarla dolu olduğu için, özet niteliğindeki tarihçeler önemli bir ihtiyaca karşılık geliyor.

Sokak yürüyüşleri bölgenin mimarisini, etnik yapısını, mutfak tarihini, kimi trajik, kimi eğlenceli anekdotları ayrıntılarıyla ele alırken dilenciler, çeteler, denizciler, büyükelçiler, imamlar ve

created a mosaic effect, which describes everything from Byzantine foundations to Ottoman hans to tattoo parlours in a chaotic mess. It didn't take me long until I was out on the streets, book in hand, like a tourist, looking for the hidden churches and infamous brothels of history. Every street the Freeleys take us down is dotted with anecdotes providing a nice mix of the humdrum events of the city, the gossip mongering of the time, and events that would shake the history of the region. One I particularly loved detailed the siege of the Ottoman Bank by Armenian revolutionaries and the Russian intervention on their behalf. A fascinating story in its own right and a dark omen of things to come.

It is admirable that the book does not present a sugar-coated view of the district.My heart broke a little every time I read about some important or beautiful building that has fallen down and been replaced with something "of no architectural significance."As the Freeleys point out in their afterword, the rate of change has been too fast for them to keep up with and buildings have been allowed to decay or have been replaced. They put the blame for this squarely on the move away from residential buildings and towards short-term profiteering, an opinion that I can't help but agree with and frankly needs to be said more. I mean, who honestly thinks that the waterfront developments being done now are going to be anything other than the damn Zorlu Center by the sea?

There are some problems with this book that might make it difficult for a reader. Firstly, the book expects a reasonable knowledge of Byzantine, Ottoman and Republican history before you even start. They don't waste ink explaining the fundamentals of Istanbul history. Secondly, sometimes the details are a little sparse and I found myself wanting more information about an event, character or building. That being said, it's never a true criticism to say I wanted more and it certainly encouraged me to do some more research into the particular areas that interested me.

To sum up, I enjoyed this book and I learned a lot about the city I inhabit from it. It also reminded me of a few things. There is a slightly ugly sentiment floating round that the Arab immigrants have 'ruined Beyoğlu'. This book reminded me that it wasn't

sanatçılardan oluşan zengin bir portre seçkisi sunuyor. Tüm bu detaylarla birlikte Beyoğlu'nun Bizans temellerinden Osmanlı dönemi hanlarına, dövme dükkanlarına kadar her şeyi içine katan kaotik, dağınık yapısı adeta bir mozaik gibi yansıtılıyor. Çok geçmeden kitap elimde, turist gibi kendimi sokaklara atıp gizli tarihî kiliselerin, kötü şöhretli genelevlerin izini sürmeye başladım. Yazarlar, şehirde olup biten alelade hadiseleri, dönemin dedikodularını ve bölgeyi sarsacak olayları anlatan anekdotları, okuru götürdükleri her sokağa güzelce serpiştirmiş. Ermeni devrimcilerin Osmanlı Bankası baskınını ve Rusların müdahalesini ayrıntılarıyla ele alan kısmı özellikle sevdim. Bu anlatı başlı başına son derece etkileyici olmakla beraber, sonrasında meydana gelecek olayların da karanlık bir habercisi gibi adeta.

Kitabın takdire şayan bir yönü, Beyoğlu'nu allayıp pullayarak sunmayışı. Önemli veya güzel bir binanın yıkılıp yerine 'mimari açıdan hiçbir ehemmiyeti olmayan' bir başkasının dikildiğini okuduğumda, içim hafif cız etti her defasında. Brendan ve John Freely'nin sonsözde de belirttiği üzere, Beyoğlu'ndaki değişimin hızına yetişmeleri mümkün değilken kimi binalar ya çürümeye terk edilmiş, ya da yerlerine yenileri inşa edilmiş durumda. Yazarların açık bir dille ortaya koyduğu iddiaya göre, bunun ardında konutlardan feragat edilip kısa vadeli vurgun peşinde koşulması yatıyor. Bu fikre katılmamak mümkün değil, hatta işin doğrusu, daha fazlası bile söylenmeli. Dürüst olalım, Boğaz'a nazır inşaatı halen devam eden binalar tamamlandığında, kahrolası Zorlu Center'ın deniz kenarındaki halinden öte bir şeye benzemeyeceklerini düşünebiliriz pekala.

Diğer taraftan, kitapta kimi okurları zorlayabilecek birkaç sorun da yok değil. Öncelikle Bizans, Osmanlı ve Cumhuriyet tarihine belli düzeyde vakıf olmanız bekleniyor. Yazarlar İstanbul'un tarihine ilişkin temel bilgiler sunarak vakit kaybetmiyor. İkinci olarak, üstünkörü verilen bazı ayrıntılar nedeniyle herhangi bir olayı, şahsı veya binayı daha yakından tanıma isteği doğabiliyor. Ama elbette 'daha fazlasını beklerdim' demek eleştiri manasına gelmez hiçbir zaman. Zira bu kitap beni, ilgimi çeken kimi özel alanları daha derinlikli araştırmaya teşvik etti.

Özetle ifade etmek gerekirse 'Galata, Pera, Beyoğlu: Bir Biyografi' kitabını zevkle okudum, oturduğum şehre dair pek çok şey öğrendim ve bu vesileyle bazı hususları da hatırladım. Arap göç-

so long ago that the Greeks were saying the same thing about Turks, that Beyoğlu has always been a home for those who are dispossessed and homeless. This book reminded me that despite the Starbucks, faux-velvet chairs of the *nargile* bars, and concrete monsters, the old city is still here and you don't have to look far to find it and the fascinating stories that accompany it.

Note: After the writing of this article and before publication,John Freeley, one of the authors passed away. Throughout his life, he made a great contribution to the historical literature of this city and he will, no doubt,be missed.

menlerin nasıl 'Beyoğlu'nu mahvettiğine' dair nispeten çirkin bir hissiyat dolanıyor ortalıkta. Bu kitap bana, yakın zamana dek Yunanlıların aynı şeyi Türkler için söylediğini, tarihin her döneminde Beyoğlu'nu mülksüzlerin, evsizlerin mesken tuttuğunu hatırlattı. Yine bu sayede Starbucks'lara, nargile kafelerin suni kadife kaplı sandalyelerine ve beton canavarlara rağmen tarihî İstanbul'un hala ayakta olduğunu, şehri ve ona eşlik eden büyüleyici hikayeleri bulmak için çok uzaklara bakmak gerekmediğini de hatırladım.

Not: Bu makale yazıldıktan sonra, yayınlanmadan bir süre önce kitabın yazarlarından John Freely hayatını kaybetti. Hayatı boyunca İstanbul'un tarihi literatürüne çok büyük katkıda bulunan Freely'nin yokluğu şüphesiz hissedilecek.